Q&A
不動産担保価値の基礎知識と減価のしくみ

不動産鑑定士
黒沢 泰［著］

ビジネス教育出版社

はしがき

　不動産（特に土地）の価値は時代の流れにつれて変化します。そして、その変動の幅も世の中の動きが激しければ激しいほど大きくなる傾向にあります。反対に、安定した経済状況が続けば、不動産の価値もそれほどの変化を見せなくなるでしょう。

　このようなことは感覚的には理解していても、日常、土地や建物の価格を査定したり、担保価値を算定する際には、多くの人は自明の理と受け止めてあまり意識しようとはしません。しかし、よく考えてみればこのような事情は作業の背後に隠れているだけで、不動産の価格を形成する要因としてきわめて重要です。

　また、不動産の価格を査定するに当たり、ともすれば間口・奥行や土地の形状といった個々の物的な特徴のみにとらわれて作業を進めがちであり、その不動産の属する地域の分析をおろそかにすることはないでしょうか。

　金融機関で融資や管理、回収等の業務を担当される方々にとって、担保価値の把握はきわめて重要であることは私から改めて述べるまでもありません。しかし、これを査定する過程で不動産の有する特徴を十分に汲み取ることができなかったときには、危険な結果を招くことにもなりかねません。不動産の担保価値を検討するに当たっては、個々の不動産の物的な特徴だけでなく、これを取り巻く諸要因を分析して総合的に判断することが重要です。また、不動産を取り巻く昨今の状況を見ると、土壌汚染、PCB含有物質、アスベスト、埋蔵文化財包蔵地、災害危険区域の指定等をはじめ、担保価値を減少させる要因も新たに続出してきています。

　このような環境の下において、不動産の担保価値を的確に読み取り、金融機関の方々の判断を誤らせないよう、価格に対するものの見方、考え方を体系的に整理しておく必要があります。

　本書は金融機関で融資や管理、回収等の業務を担当される方々を主たる対

象に、上記の問題意識から担保価値のとらえ方を整理し、併せて特に減価要因として作用する価格形成要因やその調査の方法等を初級者から中級者をターゲットにして執筆したものです。

　今日では、不動産に占める建物のウェイトも従来に比べて高まりつつありますが、わが国では土地とは別個の不動産として扱われ、加えて時の経過とともに損耗が進んでいくことから担保価値としては相対的に低いのが実情です。このため、本書では土地を中心に取り扱っています。

　従来から担保評価に関する書籍は数多く出版されていますが、本書の特徴は担保価値を減少させる要因として新たに検討の必要な土壌汚染をはじめとする上述の特殊な要因を多く盛り込み、筆者の実務経験も交えて体系的な記述を行った点にあります。

　なお、不動産鑑定評価基準が昨年5月1日に改正され、同年11月1日から改正後基準が施行されていますが、本書の記述はすべて改正後基準に沿ったものとなっています。

　本書が一人でも多くの方々にご活用いただくことができれば幸いです。

　なお、最後になり恐縮ですが、本書の執筆機会を与えていただいた株式会社ビジネス教育出版社の皆様に感謝申し上げます。

平成27年2月

黒沢　泰

目　次

第1章　不動産のとらえ方
1. 不動産は物的には「動かない」が人為的には「動く」…… 10
2. 不動産をめぐるさまざまな権利 ……………………………… 17

第2章　不動産価値を形成する要因
1. 自然的・社会的・経済的・行政的要因＝一般的要因 …… 22
2. 住宅地・商業地・工業地、それぞれの地域要因と留意点
　　……………………………………………………………………… 30
3. 個別的要因とは：角地、接面街路との高低差など ……… 40

第3章　不動産価値の基本的な減価要因
1. 間口狭小・奥行長大な土地は利用価値が劣る …………… 60
2. 不整形地、三角地の価値が低くなる理由 ………………… 64
3. 路地状敷地（袋地）の価値が低くなる理由 ……………… 69
4. 道路に直接面していない土地（無道路地）の減価要因
　　と減価率 ………………………………………………………… 74
5. 無道路地ではないが接道義務を満たさない土地の評価
　　方法 ……………………………………………………………… 78
6. 崖地および崖地を含む土地の評価方法 …………………… 83
7. 水路を介して道路に接する土地の減価率 ………………… 90
8. 都市計画施設予定地の建築制限と減価が必要な場合 …… 92

9．セットバックの必要な土地の減価額 ……………………… 95
　　10．市街化調整区域における開発行為の規制と土地価格等 … 97

第4章　不動産価値の特殊な減価要因

　　1．汚染物質の存在と土壌の調査 ……………………………… 108
　　2．埋蔵文化財包蔵地に対する規制と減価要因 ……………… 116
　　3．地下埋設物（基礎杭、産業廃棄物等）の存在による瑕疵
　　　　担保責任と評価上のポイント ……………………………… 121
　　4．アスベスト使用建物の価値判断と調査の具体例 ………… 126
　　5．PCB（ポリ塩化ビフェニル）の存在と不動産の価値 … 132
　　6．災害発生危険区域・急傾斜地崩壊危険区域内にある
　　　　土地の減価要因 ……………………………………………… 133
　　7．海岸保全区域・港湾隣接地域に指定された土地の建築
　　　　制限 …………………………………………………………… 135
　　8．境界線上に越境物がある場合や筆界（境界）が確認
　　　　できない場合の減価 ………………………………………… 138
　　9．区分地上権が設定されている場合の利用制限 …………… 146
　　10．高速道路や鉄道の下にある土地の減価要因 ……………… 148
　　11．大規模な土地の単価が低目となる理由 …………………… 150
　　12．高圧線の下にある土地の減価要因 ………………………… 153

第5章　物件の基本的調査

　　1．現地調査の必要性とチェックポイント …………………… 156
　　2．登記簿や図面の調査 ………………………………………… 164

第6章　道路の基本的な調査

1．道路調査の必要性 …………………………………… 178
2．建築基準法上の道路の種類 ………………………… 181
3．道路幅員の測定方法 ………………………………… 185
4．43条ただし書きによる建築許可 …………………… 187

第7章　不動産評価上の特殊な減価要因と価格への影響

1．土壌汚染物質と価格への影響 ……………………… 190
2．埋蔵文化財と価格への影響 ………………………… 194
3．地下埋設物(基礎杭、産業廃棄物等)の価格への影響 …… 199
4．アスベスト使用建物の価格への影響 ……………… 202
5．PCB(ポリ塩化ビフェニル)使用建物の価格への影響 …… 205
6．災害発生危険区域等と価格への影響 ……………… 206
7．海岸保全区域・港湾隣接地域と価格への影響 …… 210
8．境界線上に越境物がある土地や筆界（境界）が確認
　できない土地と価格への影響 ……………………… 211
9．区分地上権が設定されている土地と価格への影響 …… 213
10．高速道路や鉄道の下にある土地と価格への影響 … 215
11．大規模な土地と価格への影響 ……………………… 218
12．高圧線の下にある土地と価格への影響 …………… 222

第8章　不動産評価の基本パターンと具体例

1．鑑定評価の3手法とは ……………………………… 230
2．鑑定評価の手法(1)原価法 …………………………… 232

3．鑑定評価の手法(2)取引事例比較法 ………………………… 235
4．鑑定評価の手法(3)収益還元法 ……………………………… 240
5．更地価格を求める簡便法 …………………………………… 245
6．農地の評価 …………………………………………………… 248
7．借地権付建物の評価 ………………………………………… 252

第1章

不動産のとらえ方

1 不動産は物的には「動かない」が人為的には「動く」

Q1 不動産は物的には「動かない」という特徴を有していますが、不動産の価値との関係ではどのようにとらえておけばよいでしょうか。

A 不動産の価値を的確に把握するためには、不動産の有する特徴を他の商品と比較して十分にとらえておく必要があります。その特徴の一つに、不動産は「動かない」という点があげられます。具体的には、地理的な位置が固定されていること、固定されているが故に他の財のように代替がきかないこと、すべての条件を等しくする土地は二つと存在しないこと等があげられます。

このように、不動産（特に土地）には、他の財にみられない大きな特徴があります。不動産鑑定士が鑑定評価の指標として活用している不動産鑑定評価基準にはこれらの特性が述べられていますが、その趣旨を要約すれば以下のとおりです。

1．自然的な特性

① 地理的位置の固定性

　ある土地の位置は東経何度、北緯何度というように一つに定まっています。

② 不動性（非移動性）

　土地や建物の位置が固定されているため、決して動く（移動する）ものではありません。

③ 永続性（不変性）

　土地は使用しても摩耗せず、永久的な使用に耐えるものであることです（ただし、地震等の場合は例外です）。

④　不増性

地球上に存在する土地の総量は変わりません。また、他の一般の財のように生産や輸入によってその量を新たに増加することもできません。

⑤　個別性（非同質性、非代替性）

個々の土地の地理的な位置が固定されているため、既に述べたとおりすべての条件を等しくする土地は二つと存在しません。

⑥　固定的で硬直的

物理的にみて、土地は動かず、他の財のように代替がききません（例えば、現在いくら条件の良い土地を所有していたとしても、これを別の場所に移動させて活用することはできません）。

２．価値との関係

不動産をめぐる取引市場は、地域の実情を反映し局地的で不完全なものとなる傾向にあります。

限定された地域で特定の用途に供する不動産（特に店舗等）を求めようとする場合、不動産が「動かない」という特徴を有していることから供給には限度があります（ケースによっては供給そのものがほとんどありません）。このため、競争は局地的で制限されたものとなることが多いといえます。

また、土地の利用により生み出される収益は永続的なものとなりますが、その理由は土地が使用によっては陳腐化しない資産であり、永続性（不変性）を有することに端を発しています。

さらに、不動産（特に土地）の価格が他の財と異なり規格品のような価格が形成されにくいという背景を探っていった場合、「動かない」という性格に加えて「増えない」という不動産本来の性格に起因することが分かります。

建物は別として、土地は再生産ができない資産であり、需要量が増加した場合でも他の財のように供給量を増加させることはできません。ここに不動産が他の財と明らかに異なり、その価格についても不動産特有の性格が反映されるという独特の特徴を見出すことができます。

Q2 不動産は、【Q1】で述べた特徴とは裏腹に、人為的には「動く」という特徴を有していますが、不動産の価値との関係ではどのようにとらえておけばよいでしょうか。

A 不動産は、物的には「動かない」という特徴を有している反面、人為的には「動く」という特徴が見られます。そして、このことが不動産という財の価格形成を複雑なものにしている大きな要因です。

不動産が「動く」というのは、人間が土地や建物と何らかのかかわり（所有や利用面において）をもつことにより生じてくる一つの側面です。不動産が「動く」からこそ、そこに価格が生ずるともいえます。

不動産が「動く」理由は、不動産鑑定評価基準にいう人文的特性に基づくものですが、人文的特性とは、土地が人間と何らかのかかわりをもつ場合に、人間との関係において指摘することのできるさまざまな性質のものを指します。

具体的には以下のものがこれに該当します。

１．用途の多様性（用途の競合、転換および併存の可能性）

公法上の規制の許す範囲内で、土地をさまざまな用途（住宅地、商業地、工業地等）に供することができます。また、このことが競合という現象を生み出すとともに、用途の転換を図ったり、複合住宅等のように一つの土地を同時に複数の用途に充てることが可能となります。

２．併合および分割の可能性

土地の範囲は併合または分割によって、広くもなれば狭くもなります。

例えば、隣接地を買収（または賃借）して一体的な利用を図ることができる場合もあれば、不要となった自己所有地の一部を分割して売却（または賃貸）することもできます。このように、地球上に存在する土地の総量は変化しないものの、土地の利用範囲は人為的に変化させることができます。

3．社会的および経済的位置の可変性

　ここにいう社会的位置とは、いわゆる土地柄のことであり、地域の発展や衰退など土地を取り巻く環境が変化すれば、その土地柄も変化することを意味しています。また、経済的位置とは収益性や生産性の程度を指し、従来これといった産業のなかった地域に店舗や工場が建ち並び、収益性や生産性が向上すれば経済的位置も高まることとなります。

4．可変的で伸縮的

　周辺環境の変化に応じて土地の利用方法は変化する可能性があり（＝可変的）、また、容積率や高さ制限の許す範囲内において2階建ての家を3階建てに建て替え、その反対に3階建ての家を2階建てに建て替えるというような利用方法も可能となります（＝伸縮的）。後者のケースに該当する例としては、既存不適格建築物の場合があります（例えば、建築当時の容積率が200％であったところ、80％に変更され、建物の高さ制限が厳しくなる場合等）。

　このように、土地は自然のままでは動きませんが、人間がこれに働きかけたとき、その利用方法はかなり変化し得るということになります。そして、このような特徴をつかんでおくことが不動産の価値を把握する上で大きなポイントとなります。

Q3　既に述べた2つの特徴は、不動産の価値にどのような影響を与えるのでしょうか。また、金融機関の担当者としてはどのような点に留意すべきでしょうか。

A　不動産（特に土地）は国民の生活や活動（生産およびサービス活動）の基盤として不可欠のものです。このように不動産に有用性が認められるからこそ、人間がこれに働きかけ、その結果として居住の快適性、営業活動による収益性、工業生産性等の向上を求めて利用が行われることになります。

その結果、土地や建物に価値が生じて、取引の対象ともなってきます。

快適性の高い土地、収益性や生産性の高い土地にはそれなりの価値が認められ取引価格も高くなります（反対に、快適性の低い土地、収益性や生産性の低い土地にはそれなりの価値しか認められないことになります）。

これらの結果が客観的な交換価値として目に見える形となり、不動産の価値にも反映されてきます。担保価値を検討する場合、これらの点にも留意すべきです。

以下、他の商品と比較しながらこれらの特徴を考えてみましょう。

1．取引価格の客観性との関連

一般商品であればデパートや小売店に足を運び、欲しいと思う商品のデザインや質、そして価格を実際に自分の目で比較しながら最終的な判断を下します。その商品が他の店舗に置かれているものと同等のものであるにもかかわらず価格が高ければ、その消費者は当該店舗では購入しないでしょうし、反対に品質のわりに価格が低廉であれば、一つとはいわず複数の商品を購入するかも知れません。

すなわち、一般商品の場合には値札で価格が公開されており、消費者がいつでも自由に購入の場に参加することができます。ここにおいては、商品の販売価格は仕入価格に諸経費や販売利益を加えたものが一つの目安となりますが、競合する他の店舗とのバランスも考慮しなければ販売はできません。

しかし、不動産（特に土地）の場合には事情が大きく異なってきます。

土地は全土が連続しているとはいっても、現実には利用状況に応じて個々の土地が区分され、位置、地形、道路付け、面積、日照の状況等が異なります（これらはそれぞれの土地に固有の特徴です）。したがって、近くに状況の類似した土地があるにしても、一般商品のように同じものは2つと存在しないということになります。

2．代替性という側面

　このように不動産には個別的な要因が含まれる反面、一定の範囲内において代替性をもつという側面もあります（土地の有する硬直的、固定的な性格は自然的な特性という面から、また、可変的な性格は人文的な特性という面から把握されます）。すなわち、一戸建ての住宅を購入しようと考えた場合、通常は限定された地域の、しかも、限定された場所でなければ購入し得ないというものではありません。購入者は、勤務先への通勤時間、住環境や最寄り商店街への接近性その他を考慮した上で、代替可能な圏域の範囲内で候補物件を探すこととなりましょう（不動産は地域との関連が強く、個々の土地もそれが属する地域の不動産の一つとして把握されます）。

3．地域との関連

　ある一つの土地がある場所に存在するといっても、その価格は常にその所在する地域の相場（価格水準）を反映し、これを標準として個別に価格が決定されていると考える必要があります。不動産の特徴がその評価額に与える影響は上記のとおりとらえておけばよいでしょう。

4．不動産価格の閉鎖性

　不動産の取引価格には売主・買主間の交渉の結果が反映されることが多くあります。また、取引には特殊な事情（売り急ぎ、買い進み等）が介入し、取引価格が割高あるいは割安となって形成されることもあります。しかし、不動産に関する取引情報は公開されていないことが多く、一般の人にとってはこのような事情を知る由もないことに留意する必要があります（仮に、近隣での取引事例を入手する機会があったとしても、上記の事情を鑑みれば、これをもって適正な価格であると即断することは避けなければなりません）。

　金融機関の融資担当の方が気をつけなければならないことは、担保物件の近隣で取引事例が収集できたとしても、その取引の背景に特殊な事情が含まれていて相当割高なことがあるので、ある一つの事例だけで担保物件の価値

を判断しないことです。
　割高な物件の価値と同じに評価してしまえば担保価値を回収できなくなる危険性が大きくなることは目に見えています。

2　不動産をめぐるさまざまな権利

Q4　土地や建物をめぐる権利にはさまざまなものがありますが、その内容を説明してください。

A　土地や建物のような不動産の場合、一つの不動産の上に複数の権利が混在することがあります。例えば、甲さんの所有地を乙さんが賃借（借地）し、そこに乙さんが建物を建築したとします。この場合、土地の所有権は甲さんのものですが、借地権は乙さんのものとなり、同じ土地の上に所有権と借地権という2つの権利が存在することになります。この例をはじめ、不動産をめぐる権利形態にはさまざまなものがあります。

上記で説明した内容を、不動産鑑定評価基準の考え方を用いて説明すれば以下のとおりです。

不動産の価格（または賃料）は、その不動産に関する所有権、賃借権等の権利の対価または経済的利益の対価としてとらえられます。また、2つ以上の権利利益が同じ不動産の上に存在する場合には、それぞれの権利または利益について、その価格（または賃料）が形成され得るという特徴があります。

〈資料1-1〉にイメージ図を示します。

既に述べたように、不動産の価格の対象は所有権だけでなく利用権にも及びます。例えば、借地人が建物所有を目的として土地を賃借し、そこに長期間居住しているという場合、借地権が発生するとともに、特に都市部ではこの権利が金銭的な対価を伴って取引されていることが多いといえます（すなわち、借地権を他人に売却する際に、金銭的な対価を授受する慣行が形成されているということです）。このような場合、土地の価格は、所有権（底地）の価格と利用権（借地権）の価格とから構成されることになります。

〈資料1-2〉にイメージ図を示します。

〈資料1-1〉

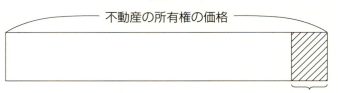

（注）不動産の所有権の価格は、その不動産が全耐用年数の期間にわたって継続利用されることを前提としたものです。
　　これに対し、不動産の賃料はその一部の期間をとらえて価値を把握したものです。

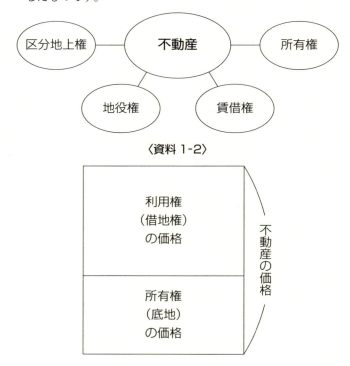

〈資料1-2〉

すなわち、同じ不動産の上に複数の権利が共存し、それぞれについて価格が形成されるわけです（価格の発生対象となる権利としては、借地権（地上

第1章　不動産のとらえ方

権または土地の賃借権）の他に、区分地上権、地役権などいくつかのものがありますが、詳細は省略します）。

このように、不動産の価値をとらえる場合には、同じ不動産の上に存する権利や利益についてそれぞれ価格が形成されることを念頭に置かなければならず、このことが他の一般商品には見られない大きな特徴となっています。

金融機関で融資や回収業務を担当されている方は周知のことと思いますが、例えば同一人が所有している中古建物付きの土地で、土地だけを担保にとった場合、その所有者が後から建物を借地権付きで第三者に売却してしまえば、その土地の担保価値は著しく減少します。不動産にはさまざまな権利が共存するので、このようなことは避けるべきです。

Q5 固定資産税の評価においては、借地権等の権利が存在してもこれがないものとして評価額を求めると聞きましたが、他の評価方法との相違を説明してください。

A 固定資産税の評価の場合、借地権等の権利が設定されていないものとした価格を求めることが前提となっています。したがって、これらの権利が設定されていることが固定資産税評価額に影響を与えることはありません。この点が鑑定評価や相続税の財産評価と大きく異なるところです。以下、その理由を考えてみましょう。

1．固定資産評価基準の規定

上記の考え方は、固定資産評価基準に以下のとおり規定されています。

> （固定資産評価基準）
> 第1章第1節
> 　三　地上権等が設定されている土地の評価
> 　　　地上権、借地権等が設定されている土地については、これらの権利が設定されていない土地として評価するものとする。

2．具体的なイメージ

借地権の設定されている土地で、借地権割合が60％とされている場合には、所有者が有する土地の価値割合は、（おおまかにいえば）100％－60％＝40％ですが、固定資産税の評価では借地権割合を考慮せず、完全な所有権として（＝更地として）評価することになります。

他方、相続税の財産評価では、借地権の設定されている土地はその状態を前提として所有権の価格を評価する前提となっています。すなわち、借地権割合が60％の場合、所有権の価格は土地価格（更地価格）×（100％－60％）として求めることになります。この相違に留意が必要です。

固定資産税の評価と相続税の財産評価の前提が異なっている理由は次の点にあると推察されます。

(1) 固定資産税の評価の場合

土地保有に着目した評価が行われます。このため、あくまでも土地所有者に対して課税されます。

(2) 相続税の財産評価の場合

相続人が相続財産を売却して納税額を捻出する可能性があることから、借地権等の権利が設定されている状態で市場売却を行うことを視野に入れた評価が行われます。

ちなみに、不動産の鑑定評価においても相続税の財産評価と同じ前提に立った評価が行われています。

固定資産税の評価額も簡便的に価値の目安をつけるという目的でよく活用されていますが、金融機関の融資担当の方は、上記の特徴を念頭に置いて活用することが大切です。

第2章

不動産価値を形成する要因

1 自然的・社会的・経済的・行政的要因＝一般的要因

Q1 不動産の価値を形成する要因としてマクロ的に考えられる項目にはどのようなものがありますか。

A 鑑定評価では不動産の価格を形成する要因のことを価格形成要因と呼んでいますが、その中には一般的要因、地域要因および個別的要因という3つの要因があります。ここで、マクロ的に考えられる項目としては一般的要因をあげることができます。

不動産の価格は、一般的要因を基礎として多数の要因の相互作用の結果として形成されるものですが、要因それ自体も常に変動する傾向を持っています。そして、それが不動産の価値を増価させる方向に作用する場合もあれば、減価させる方向に作用する場合もあります。したがって、不動産の価値を的確に把握するためには価格形成要因について十分に理解しておく必要があり、一般的要因はその出発点ともいえるでしょう。

〈資料2-1〉はそのイメージ図です。

〈資料2-1〉

第2章　不動産価値を形成する要因

1．一般的要因とは
　一般的要因とは、鑑定評価の表現を借用していえば、一般経済社会における不動産のあり方およびその価格の水準に影響を与える要因のことを指します。具体的には、自然的要因、社会的要因、経済的要因および行政的要因の4つに大別されます。

2．それぞれのイメージ
(1)　自然的要因
　国土の状態をはじめとする自然的環境の問題（例えば、わが国の場合は平坦地に比べて傾斜地が多いことなど）がこれに該当します。
(2)　社会的要因
　人口や家族構成、生活様式の多様化（マンション等の普及）をはじめとする社会的環境の問題がこれに該当します。
(3)　経済的要因
　財政、金融、物価等の動向をはじめとする経済的環境の問題がこれに該当します。
(4)　行政的要因
　土地利用を規制する法制度や建築規制、税制をはじめとする行政的環境の問題がこれに該当します。
　これらの問題は不動産全般の動向に影響を与えるものであり、マクロ的な要因としてとらえられます。例えば、わが国における地価の状況が全体的にみて上昇基調にあるのか、下落基調にあるのか、不動産に関する税制改正の状況（緩和または強化）が取引件数や需要量にどのような影響を与えているのかといった問題は一般的要因と深く関連します。

3．不動産価値を形成する要因と一般的要因
　不動産の価値を形成する要因としては、平坦地の開発面積が増える、人口増や家族構成および生活様式の多様化が進む、財政や金融の状況が活発化し

物価および地価に上昇傾向がみられる、不動産に関する税制状況が緩和される等が考えられます（増価要因を想定）。

　ただし、わが国全体としてとらえた場合、これら諸要因の動向と地域的にみた場合の動向とは必ずしも一致するとは限らない点に留意する必要があります。例えば、大都市の中心部の経済状況と地方都市のそれとは必ずしも連動しておらず、タイムラグを生ずることはしばしば経験するところです。

　このように、一般的要因の影響といっても、それは全国一律に同質に作用するものではなく、地域ごとに異なった影響を与え、また、同種の地域に対しては同質的な影響を与える（＝地域的な指向性がある）ことも経験則によって認められています。

4．留意点

　一般的要因が以上述べたようにマクロ的な性格を有していることから、ともすれば日常の実務において軽視されがちな傾向にあります。その原因は、不動産の価値を求めるという作業が単に価格的なイメージを示すことではなく、対象不動産を特定した上でこれを具体的な金額で示すことに注がれることから、ともすればミクロ面に関心が注がれてしまう傾向にあるからです。

　しかし、不動産の価値を評価する方式のなかには、一般的要因に関する十分な知識がなければ的確な判断を行うことのできない項目が多く含まれています。例えば、主に建物の価値を求める際に適用される原価法（再調達原価を基に経年等による減価を行って価値を求める手法です）の適用過程では、再調達原価の把握に当たり建築費の動向が深く関連します。

　また、主に土地の価値を求める際に適用される取引事例比較法では、事例として採用した土地の取引時点と評価対象地の価格時点との間に地価変動が生じている場合に査定する時点修正率の把握に当たっては一般的要因の動向を度外視することはできません。

　さらに、対象不動産から将来生み出されるであろう純収益（＝総収益－総費用）を基に土地建物の価格を試算する手法である収益還元法を適用する際

には、還元利回りの査定に際し一般的要因（特に金利等）の動向を踏まえる必要があります。

担保価値を把握するに当たっては、このように一般的要因の動向を十分に把握することを怠ることはできません。

Q2 自然的要因、社会的要因、経済的要因および行政的要因に属する具体的項目としてはどのようなものがありますか。

A 不動産鑑定評価基準に沿い、それぞれの要因の主なものを例示すれば次のとおりです。

(1) **自然的要因**
　① 地質、地盤等の状態
　② 土壌および土層の状態
　③ 地勢の状態
　④ 地理的位置関係
　⑤ 気象の状態

日本列島という自然的条件からとらえた場合、周囲を海に囲まれ、傾斜地が多く、有効利用できる土地が相対的に少ないという特徴を有しています。このため、平坦な都市部に人口や産業が集中する傾向があり、全国的にとらえた地価水準もこのような傾向を反映して形成されています。

土地は人間の生活と活動に欠かすことのできない基盤であり、物を積載する力や生み育てる力を有しています。ただし、このような力はどのような土地においても同等に作用するというわけではありません。それは地質や地盤等の状態によって異なり、土壌および土層の状態、地勢や気象の状態、地理的位置関係によっても異なります。

このため、平坦地や地盤の強い土地のように有用性の高い土地とそうでない土地とが区分され、それぞれ地価水準に影響を及ぼすことになります。

(2) 社会的要因

 ① 人口の状態

 ② 家族構成および世帯分離の状態

 ③ 都市形成および公共施設の整備の状態

 ④ 教育および社会福祉の状態

 ⑤ 不動産の取引および使用収益の慣行

 ⑥ 建築様式等の状態

 ⑦ 情報化の進展の状態

 ⑧ 生活様式等の状態

人口の増減および世帯分離の動向は、特に住宅に対する需要量に影響を及ぼします。また、都市への人口の集中度はマンション等の共同住宅に対する需要量を左右するものと考えられます。

これらの他に、都市形成および公共施設の整備の状態（道路、下水道、ガス、鉄道等）、教育及び社会福祉の状態があげられますが、これらの整備の状態いかんにより有効利用度に影響を及ぼし、不動産の価格にも反映されるといえます。

また、不動産の取引および使用収益の慣行としては、例えば、住宅の利用形態が持ち家嗜好にあるのか、賃貸嗜好にあるのかによって需給状況に変化が生ずるだけでなく、さらにその形態が戸建住宅嗜好かマンション嗜好かという観点からも不動産の価格に影響を及ぼすこととなります。

さらに、建築様式等の状態、情報化の進展の状態、生活様式等の状態は建築物の利用目的や建築技術の高低を通じて不動産の価格に影響を及ぼすといえます。

(3) 経済的要因

 ① 貯蓄、消費、投資および国際収支の状態

 ② 財政および金融の状態

 ③ 物価、賃金、雇用および企業活動の状態

 ④ 税負担の状態

⑤　企業会計制度の状態
⑥　技術革新および産業構造の状態
⑦　交通体系の状態
⑧　国際化の状態

　経済情勢と地価の動向とはほぼ連動しています。ただし、既に述べたとおりその影響は日本全国一律ではなく、両者の動きが敏感に作用する地域とタイムラグを置いてその影響が現れる地域とがあることは経験上明らかです（これは一般的要因の地域的偏向性とも呼ばれています）。

　これらの諸要因はそれぞれ同じ方向に作用することもあれば、異なる方向に作用することもあります。例えば、金利がいくら引き下げられたとしても、景気の低迷を受けて所得水準が下落している状況においてはわが国全体として不動産に対する有効需要の増加に結び付くことはないと思われます。

(4)　行政的要因
①　土地利用に関する計画および規制の状態
②　土地および建築物の構造、防災等に関する規制の状態
③　宅地および住宅に関する施策の状態
④　不動産に関する税制の状態
⑤　不動産の取引に関する規制の状態

　行政的要因も直接間接に不動産の価格に影響を及ぼすといえます。すなわち、上記に例示した項目に関連する規制の強化や緩和が需給量を変化させ、その結果が価格に反映されると考えられるからです。

　一般的には、土地利用に関する規制が強化されれば利用者側は新規の計画を手控えるでしょうし、規制が緩和されれば一層の有効活用を図ろうと新規の計画に前向きに取り組むでしょう（規制の対象となる法律としては都市計画法、建築基準法、国土利用計画法等が考えられます）。

　このような傾向は税制の状態に関しても同様です（対象となる税としては、不動産取得税、固定資産税・都市計画税、所得税、法人税、登録免許税、相続税、贈与税等が考えられます）。

この他、土地および建築物の構造、防災等に関する規制の状態は建築費や造成費に影響を及ぼし、宅地および住宅に関する施策の状態は公的機関の宅地等の供給に影響を及ぼします。さらに、不動産の取引に関する規制の状態は、その強弱を通じて供給量を左右し、不動産の価格にも大きく作用するといえます。

　以上述べてきたことを一覧に整理したものが〈資料2-2〉です。

第2章　不動産価値を形成する要因

〈資料2-2〉

- 一般的要因
  - 自然的要因
    - 地質、地盤等の状態
    - 土壌および土層の状態
    - 地勢の状態
    - 地理的位置関係
    - 気象の状態
  - 社会的要因
    - 人口の状態
    - 家族構成および世帯分離の状態
    - 都市形成および公共施設の整備の状態
    - 教育および社会福祉の状態
    - 不動産の取引および使用収益の慣行
    - 建築様式等の状態
    - 情報化の進展の状態
    - 生活様式等の状態
  - 経済的要因
    - 貯蓄、消費、投資および国際収支の状態
    - 財政および金融の状態
    - 物価、賃金、雇用および企業活動の状態
    - 税負担の状態
    - 企業会計制度の状態
    - 技術革新および産業構造の状態
    - 交通体系の状態
    - 国際化の状態
  - 行政的要因
    - 土地利用に関する計画および規制の状態
    - 土地および建築物の構造、防災等に関する規制の状態
    - 宅地および住宅に関する施策の状態
    - 不動産に関する税制の状態
    - 不動産の取引に関する規制の状態

2 住宅地・商業地・工業地、それぞれの地域要因と留意点

Q3 地域要因とはどのようなものですか。
また、金融機関の融資担当者としては一般的要因との関連性についてどのように理解すべきでしょうか。

A 1．地域要因とは

　地域要因とは、その不動産の属する各地域の特性を形成し、地域の価格水準に全般的な影響を与える要因をいいます。

　また、不動産の属する地域は、その利用形態面に着目した場合、宅地地域、農地地域、林地地域に大別され、さらに宅地地域については住宅地域、商業地域、工業地域に区別されます。

　そして、各地域ごとに形成される地域要因の項目のなかには、各地域の利用形態に共通するものがあるほか、その地域特有の要因が含まれています。これは、住宅地域が居住の快適性に、商業地域が収益性に、工業地域が生産性に重点が置かれ、それぞれの地域内にある不動産の価格にもこれらの側面が反映されていると考えられるためです（農地地域、林地地域についても、価格形成要因はその生産性と関連深いものとなっています）。

　地域要因を検討し、地域の分析を行うに当たっては、(イ)その対象不動産がどのような地域に存するか、(ロ)その地域はどのような特性を有するか、(ハ)対象不動産に係る市場はどのような特性を有するか、(ニ)それらの特性はその地域内の不動産の利用形態と価格形成について全般的にどのような影響力を持っているかを分析することがポイントです。

　個々の不動産の価値が形成される背景には、必ず地域の特性とその地域における市場の特性が反映されています。これらの分析をいかに的確に行うことができるかにより評価の精度が左右されるといっても過言ではありません。

2．一般的要因との関連性

　対象不動産を地域との関連でとらえる場合、最初にそれらの基礎となる一般的要因が地域ごとにどのような具体的な影響力を持っているかを的確に把握しておくことが必要となります。それは、一般的要因は不動産が属する地域ごとに異なった影響を与えるとともに、同種の地域に対しては同質的な作用をもたらす傾向にあるためです。したがって、地域要因をとらえるに当たり、一般的要因の影響力を的確に把握しておくことが不可欠です（例えば、土地利用に関する規制が改廃されたとしても、その影響を受ける地域と受けない地域とがあります）。金融機関の融資担当の方にとってもこのような見方が必要ではないでしょうか。

　以上述べてきたことをイメージしたものが〈資料2-3〉です。

〈資料2-3〉

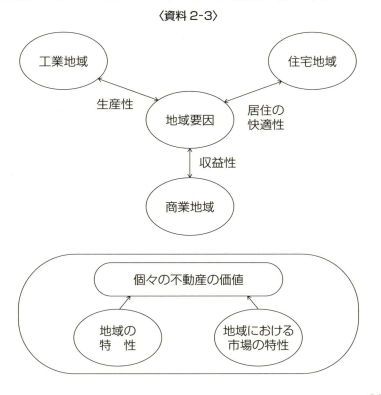

Q4 住宅地域の地域要因の主なものとしてはどのような項目がありますか。また、これらを具体的に把握する際の留意点を説明してください。

A　1．住宅地域の地域要因

住宅地域の地域要因の主な項目としては次のものがあります。
(1)　日照、温度、湿度、風向等の気象の状態
(2)　街路の幅員、構造等の状態
(3)　都心との距離および交通施設の状態
(4)　商業施設の配置の状態
(5)　上下水道、ガス等の供給・処理施設の状態
(6)　情報通信基盤の整備の状態
(7)　公共施設、公益的施設等の配置の状態
(8)　汚水処理場等の嫌悪施設等の有無
(9)　洪水、地すべり等の災害の発生の危険性
(10)　騒音、大気の汚染、土壌汚染等の公害の発生の程度
(11)　各画地の面積、配置および利用の状態
(12)　住宅、生垣、街路修景等の街並みの状態
(13)　眺望、景観等の自然的環境の良否
(14)　土地利用に関する計画および規制の状態

2．地域要因を具体的に把握する際の留意点
(1)　一般的な留意点

　住宅地域の価格形成には最寄り駅からの距離（始発・終電時間や乗換えの有無も含む）も大きく関連していますが、それ以上に居住環境の良否が住宅地としての価格水準を左右します。ただ、その際、居住環境というだけでは漠然としているため、例えば次の視点から具体的にとらえてみることが必要となります。

① 近隣地域は学校から近いか遠いか。
② 近隣地域に病院や公共施設、商業施設が身近に存在するか。
③ 近隣地域における建物の種類や居住者の質はどうか。
④ 下水道や都市ガス等の供給処理施設は整備されているか。
⑤ 特に新興住宅地の場合、地盤の状況等からみて災害発生の危険性はないか。

住宅地域の地域要因には上記以外にもいくつかの項目がありますが、特に上記の項目は住宅地としての快適性（居心地の良さ）と密接に関連し、その相違が地域の価格水準の相違となって現れる傾向にあります。

(2) 担保評価の実務面からとらえた場合の留意点

上記の要因のなかには、目に見えるような形で資料として収集し得るもの（例えば、街路の幅員、都心との距離、商業施設や公共施設等の配置等）と、資料という形では収集できず、実際に現地を踏査してみなければ把握し難いもの（例えば、日照、洪水、地すべり等の災害発生の危険性、騒音、環境、居住水準の動向等）とがあります。担保価値の把握に現地踏査は不可欠です。

特に住宅地域の場合、品等の把握に当たっては、街路の系統も含め実際に自分の目で見て歩き、その上で資料を収集して裏付けるという基本姿勢が不可欠です。昨今、都市部やその周辺では住宅地の需要に併せて土地利用の転換が進みつつあり、また、地域によっては人口異動（増減を含む）の顕著なところもあり、これらの的確な把握のため日常の継続的な資料収集が必要となります（市町村での都市計画の調査、人口動態調査等）。

また、住宅地域の場合、実査を一度行っただけでは把握し難い要因が潜んでいることもあります。例えば、その地方に特有の津波や風による影響です（これらの要因は、一つの市町村のなかでも海岸地帯のような場所ではその影響が強く作用するなど、一様でない場合があります）。

さらに、最近では土壌汚染のように、現地を踏査しただけでは判明しない項目も社会問題化しています（住宅地や商業地の場合、汚染の可能性が高いか低いかの判断は、都道府県における要措置区域等の指定台帳の閲覧や閉鎖

登記簿・古地図等の履歴調査により、ある程度まで推定することは可能です。これに対し、工業地の場合はこれらの調査を行ったとしても、任意の土壌調査を実施しなければ明確な判断はできない場合が多いといえます）。

Q5 商業地域の地域要因の主なものとしてはどのような項目がありますか。また、金融機関の融資担当者としてこれらを具体的に把握する際の留意点を説明してください。

A 1．商業地域の地域要因
住宅地域の地域要因の項に掲げたほか、商業地域特有の地域要因としては次のものがあります。
(1) 商業施設または業務施設の種類、規模、集積度等の状態
(2) 商業背後地および顧客の質と量
(3) 顧客および従業員の交通手段の状態
(4) 商品の搬入および搬出の利便性
(5) 街路の回遊性、アーケード等の状態
(6) 営業の種別および競争の状態
(7) 当該地域の経営者の創意と資力
(8) 繁華性の程度および盛衰の動向
(9) 駐車施設の整備の状態
(10) 行政上の助成および規制の程度

2．地域要因を具体的に把握する際の留意点
(1) 一般的な留意点
商業地域の場合、収益力を反映して土地価格が形成されていることは改めて述べるまでもありません。したがって、これらの観点から繁華性の程度等をはじめとする商業地域特有の地域要因を把握しておく必要があります。
そのためには、商店街の立地状況の分布とか、業種別構成、固定客と浮動

客との割合、客層の種類や顧客の範囲、時期別にみた活況度の相違等が把握できれば商業地域としての特性が一層明確となります。

また、商店街の発展状況、発展（あるいは衰退）しつつある理由、商店街の発展を妨げている施設等の状況、誘致しつつある施設等の項目に留意を払うことも必要となります。これらの資料収集は、商工会議所による実態調査や地方自治体による商業統計調査をはじめ、民間調査機関による調査が行われている場合には可能となります。

さらに、商業施設のなかでも投資金額が多額で、用途的にも特殊性の強いもの（例：ホテルや百貨店等）の敷地に関しては近隣地域内の調査だけでは不十分なことも多く、広域的な見地から立地条件の比較を行っておくことが必要となります。

(2) 担保評価の実務面からとらえた場合の留意点

一概に商業地といっても、東京の銀座や新宿等にみられるような高度商業地から、街道沿いの近隣商業地に至るまでさまざまであり、価格形成要因もそれぞれ異なっているのが通常です。また、住宅地域と同様に現地踏査は不可欠です。

商業地域特有の地域要因を担保価値の実務面からとらえた場合、特に次の点に留意する必要があります（注1）。

　（注1）鵜野和夫「不動産の価格はこうして決まる―不動産鑑定評価書を理解し、役立てるために」（プログレス、2005年11月、p.210～214）

① 商業施設または業務施設の種類、規模、集積度等の状態

ここにいう「商業施設または業務施設の種類」とは、当該施設が店舗であるか、事務所であるか、またはこれらが混在しているものであるか等の区別を指します。そして、「規模、集積度等の状態」とは、（ここでは地域要因としてとらえているわけですから）個々の施設の規模等を指すのではなく、店舗街または事務所街としての範囲や当該地域における店舗数または事務所数を意味しています。

② 商業背後地および顧客の質と量

商業背後地というのは商圏のことであり、顧客の集まる地域的範囲と考えてよいでしょう。そして、一般的には顧客の質が高ければ高いほど、商業地域としての知名度が高いといえます。

③　顧客および従業員の交通手段の状態

顧客が足を運ぶための交通手段の状態は重要です。例えば、商業施設の最寄り駅に鉄道が乗り入れている場合とそうでない場合とでは、顧客の量に対する影響度も異なってきます。

④　商品の搬入および搬出の利便性

地域要因の一つとしてあげられていますが、これはむしろ個別的要因としての影響度の方が高いと思われます。

⑤　街路の回遊性、アーケード等の状態

「街路の回遊性」とは、例えば、最寄り駅を降りて商店街に足を運んだ顧客が同じ通りを戻ってこなければ駅に戻れないのか、あるいはこれに接続する他の商店街を回って駅（同一の駅または隣接する駅）に戻ってこられるのかということを意味します。

⑥　営業の種別および競争の状態

「営業の種別」とは、文字通り店舗の種類のことであり、その種別が当該地域の顧客をどの程度引き寄せられるかが重要な鍵となります。そのいかんが繁華性にも影響し、商業地域としての価格水準を左右することとなります。また、他の商業地域との間における競争のいかんにより、地域全体が活性化することもあれば、沈静化することもあります。

⑦　当該地域の経営者の創意と資力

地元商店経営者の商業発展に取り組む姿勢も、活性化の有無に大きな影響を与えます。

⑧　繁華性の程度および盛衰の動向

商業地域に特有な地域要因として最後の方に掲げられていますが、実務上は特に重要です（この項目は、取引事例比較法による比準価格を求める際には必ずといってよいほど格差率に反映されています）。

⑨　駐車施設の整備の状態

　顧客の多くが自動車を利用する立地条件にある場合、駐車施設の整備の状態（駐車台数の多少）は商業地域の価格水準に大きな影響を及ぼすといえます。

⑩　行政上の助成および規制の程度

　都市再開発法による再開発ビルの場合、公共からの助成金制度があるほか、大規模店舗の建築の際、特定街区の適用を受けて容積率の割増しが認められることがあります（これが認められる場合、土地の高度利用がさらに増進され、商業地域としての価格水準も上昇するのが通常です）。

Q6　工業地域の地域要因の主なものとしてはどのような項目がありますか。また、金融機関の融資担当者としてこれらを具体的に把握する際の留意点を説明してください。

A　**1．工業地域の地域要因**

工業地域特有の地域要因としては次のものがあります。
(1)　幹線道路、鉄道、港湾、空港等の輸送施設の整備の状況
(2)　労働力確保の難易
(3)　製品販売市場および原材料仕入市場との位置関係
(4)　動力資源および用排水に関する費用
(5)　関連産業との位置関係
(6)　水質の汚濁、大気の汚染等の公害の発生の危険性
(7)　行政上の助成および規制の程度

2．地域要因を具体的に把握する際の留意点
(1)　一般的な留意点

　工業地域の地域要因の分析に当たっては、特に工業立地という点からの調査が重要となります。

工業立地の条件は業種や規模により大きく左右されます。また、業種のなかでも臨海型の業種（大規模が多い）と内陸型の業種（中小も混在）によっても相違するほか、内陸型の場合でも規模により相当異なると考えられます。
　臨海型の業種（例えば、鉄鋼、造船、石油化学等）の場合、港湾の状況（着岸可能な船舶と水深）、地盤の状況（装置の重量化に耐え得るかどうか）、工業用水の有無、道路・鉄道等の輸送手段の整備状況（専用引込線の可能性の有無等）の他に、消費地との位置関係（移動時間や距離）も問題となります。
　次に、内陸型の業種（例えば、自動車、加工組立業）では、臨海型と比較して立地条件に選択の幅が広がり、代替可能な土地の範囲も拡大すると考えられます。そこでは、特に道路（高速道路インターチェンジへの接近性や系統・連続性）が重要な増減価要因となり、工業地の価格を形成する大きな要因となります。また、工場排水の処理の難易や消費地との位置関係も問題とされます。
　工業地によっては、下水道処理区域外にあるため、汚水に関しては敷地内に浄化槽を設置して浄化処理を行い、汚水管と雨水排水管を合流させて港に

〈資料2-4〉下水道処理区域外で工場内排水処理を行っているケース

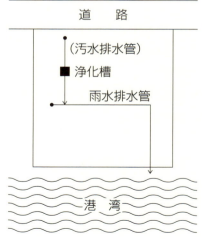

第2章　不動産価値を形成する要因

排出する等の処理を行っているところもあります。そのイメージを〈資料2-4〉に示します。

(2)　担保価値の実務面からとらえた場合の留意点

　鑑定評価の実務の参考となる「土地価格比準表」（注2）には、以下のとおり、上記要因の一部がさらに具体的に規定されており、担保評価においても重要な参考になります。

　○「輸送施設の整備の状況」との関連

　大工場地域の場合………公共岸壁、空港との接近性、高速道路インターチェンジへの接近性

　中小工場地域の場合……空港との接近性、高速道路インターチェンジへの接近性および幹線道路への接近性

　○「動力資源及び用排水に関する費用」との関連

　大工場地域、中小工場地域とも……工業用水の有無、工場排水施設の整備の状態

　○その他

　大工場地域、中小工場地域とも……工場進出の動向

　　（注2）地価調査研究会編「土地価格比準表（六次改訂）」住宅新報社、平成11年11月

　なお、工業地の場合（それも規模が大きくなればなるほど）、一般的要因のうち経済的要因が地域に及ぼす影響が高くなると考えられます。それは、設備投資や金融、企業会計制度、技術革新との関連が強いためです。そして、このような要因が自然的要因と有機的に結合して地域の特性を形成しているといえます。

　金融機関で融資の担当をされている方でも、規模の大きな工業地を扱っている方はそれほど多くないと思われますが、一概に工業地といっても規模の大きな工業地には価格形成要因にも上記の特徴があります。この点は是非念頭に置くべきです。

3 個別的要因とは：角地、接面街路との高低差など

Q7 個別的要因とはどのようなものですか。
また、金融機関の融資担当者として地域要因との関連性についてどのように理解すべきでしょうか。

A 1．個別的要因とは

個別的要因とは、不動産に個別性を生じさせ、その価格を個別的に形成する要因をいいます。例えば、土地に関しては角地であるとか、道路に接していても間口の著しく狭い土地であるというように、一般的な道路付けや形状の土地に比べて特徴のある土地を意味しています（建物に関しても、構造や仕様に応じて個別的に価値が異なります）。

不動産の価値は、その不動産の最有効使用（個々の不動産の価値を最高度に発揮できる使用方法）を前提として形成されています。このため、不動産の価値の評価に当たっては、対象不動産の最有効使用の方法がどのようなものであるかを常に考慮する必要があります。

2．地域要因との関連性

個別的要因の意義は上記のとおりですが、ここで忘れてはならないことは、その不動産の属している地域の特性や地域における標準的使用との関連を考慮に入れながら個別的要因の分析を行う必要があるという点です（個々の不動産の価値は地域の価格水準を基に形成されているからです）。

不動産の現実の用途や使用方法は個人的な動機に左右されたり、何らかの事情が介入して不合理に使用されていることもあります。したがって、評価に当たっては、対象不動産の有する効用を分析し、最有効使用を判定することが重要課題となるわけです。

その際の留意点ですが、対象不動産の個別的要因を把握しただけでは不十分であり、地域の標準的使用との関連を意識しながら分析していくことが求められます（ここでは標準的な通常人による使用方法を前提としています）。

不動産が属する地域の特性は、通常、その地域に属する不動産の一般的な標準的使用に具体的に現れ、これが当該地域に属する不動産の最有効使用を判定する重要な指標となります。しかし、対象不動産の位置、規模、環境等によっては、標準的使用の用途と異なる用途の可能性も考えられます。

したがって、個別的要因を分析する際には、対象不動産に係る典型的な需要者（買い手）の種類や行動を十分に検討の上、最有効使用を明らかにしなければならないといえます。その際、需要者が対象不動産の優劣や競争力をどのように評価しているかを把握することに努める必要があります。

このように市場性の分析は極めて重要ですが、個別的要因の分析との関連では、対象不動産に係る典型的な需要者はどのような層であるか、これらの需要者はどのような要因に着目して不動産を選択しているか等を分析することが求められます。このような見方は担保価値の回収という点からも重要です。

例えば、一口に戸建住宅の購入者といっても、価格帯からして一次取得者が中心となるのか、買換層が中心となるのか等によっても市場の特性が異なってきます。また、店舗用地といっても、地元居住者を対象とした近隣型の商業地である場合と、広域的な範囲を対象とした店舗展開を図る商業地である場合とでは、当然のことながら市場は異なります。

工場の場合でも、それが大規模工場であるのか、中小規模の工場であるのか、臨海型の工場であるのか、内陸型の工場であるのかにより、土地の購入者は異なってきます。

さらに、地域要因との関連で留意すべき点は、地域要因は常に変動しており、個別的要因もその枠内でとらえる必要があるという点です。例えば、対象不動産が工場跡地で、周辺には戸建住宅が建ち並んでおり、工業系の利用は他に見られないという地域の場合、以前工場として使用していたからとい

って、その土地の最有効使用を工場の敷地としてとらえるのは不適切であると考えられます。このような場合、地域要因の変動が客観的に予測され、最有効使用の判定に当たってもこれを踏まえたとらえ方が必要とされます。

仮に、担保として取得している物件が売却に付された場合、誰がどのような価格で購入するのかを検討する際にもこのような見方が役立ちます。

価格形成要因は常に変動の過程にあるため、価格形成に影響を与える地域要因の変動が客観的に予測される場合には、対象不動産の使用方法が変化する可能性があることにも留意しなければなりません。

Q8 住宅地の個別的要因の主なものを例示し、街路条件との関連を中心に解説してください。

A　1．住宅地の個別的要因

住宅地の個別的要因の主なものを例示すれば以下のとおりです。

(1) 地勢、地質、地盤等

(2) 日照、通風および乾湿

(3) 間口、奥行、地積、形状等

(4) 高低、角地その他の接面街路との関係

(5) 接面街路の幅員、構造等の状態

(6) 接面街路の系統および連続性

(7) 交通施設との距離

(8) 商業施設との接近の程度

(9) 公共施設、公益的施設等との接近の程度

(10) 汚水処理場等の嫌悪施設等との接近の程度

(11) 隣接不動産等周囲の状態

(12) 上下水道、ガス等の供給・処理施設の有無およびその利用の難易

(13) 情報通信基盤の利用の難易

(14) 埋蔵文化財および地下埋設物の有無ならびにその状態

⒂　土壌汚染の有無およびその状態
⒃　公法上および私法上の規制、制約等

２．角地および接面街路との関係

　地域要因として例示されている項目のなかには、地域の一般的な価格水準に影響を与えると同時に、その地域に属する土地の価格形成に当たり個別的に作用する項目も含まれています。

　不動産の有する個別的な特徴（個別要因）が近隣地域の標準的な形状等の条件を有する土地（標準的な画地）に比べてどの程度増価要因として作用するか、あるいは減価要因として作用するかを分析・検討することが個別的要因分析の中心をなします。その意味で、個別的要因の分析は、地域要因の分析とともに対象不動産の価格や担保価値の把握に大きな影響を与えます。

　住宅地の個別的要因には上記のとおりいくつもの項目がありますが、以下、実務にしばしば登場する角地および接面街路との関係（接面街路との高低差）を例として、個別的要因分析の基本的な考え方を述べてみます。

(1)　角地

　角地とは、街区の角にあり、正面および一方の側面が道路に接する画地のことを指します。角地は道路に二面が接することから、一面のみ道路に接する土地（中間画地）に比べ日照・通風（快適性）が優り、出入りの（利用効率）が良くなるなど、増価要因として作用することが多いといえます。ただし、用途別にその効用の度合いを分析した場合、増価の程度は異なると考えられます。

　住宅地の場合、角地であることによる最大の効用は日照、通風、眺望に優れ、居住の快適性が著しく向上する点にあります。このような事情は、既成住宅地の中にある角地の場合でも、大規模住宅開発が行われた一団地の中にある角地の場合でも、何ら異なるものはありません。また、荷物の搬出入に便利な点は商業地と同様です。

　ただ、住宅地と商業地を比較して事情が異なるのは、住宅地の場合、角地

は人や車輛の出入りが便利となって通行量が増す反面、騒音等の点で快適性にマイナスの作用を及ぼす可能性もあるということです。その程度は個々のケースによって異なるため一概に判断できませんが、上記事情を考慮すれば、一般的には住宅地の方が商業地に比べ角地の効用は低いと考えられています。

(2) 接面街路との関係（接面街路との高低差）

宅地と接面街路との間に高低差があるといっても、接面街路より低い位置にある宅地と、接面街路より高い位置にある宅地との2通りがあり、それぞれ価格形成要因は異なってきます。また、高低差のある土地でも、住宅地、商業地、工業地等の用途別に増減価の度合いも異なるといえます。

住宅地の場合、以下のとおり考えることが合理的でしょう。

① 接面街路より高い位置にある場合

住宅地の場合、接面街路より高い位置にある宅地は一般的に日照が優れ、風通しや排水も良く、見通しやプライバシー保護の点からも快適性に優っています。また、敷地内にわざわざ車庫のスペースを確保しなくても、宅盤（宅地の地盤面）より低い部分を駐車場として利用できるなどのメリットがあります。このため、地盤が道路面よりある程度高い状況にあることは、むしろ増価要因として作用するといえるでしょう。

しかし、一定の高さ（地域により程度に差があります）を超えた場合、出入りに不便を生じ、反対に減価要因の方が強くなることも事実です（玄関と道路との間に階段を設けているケースも多く見受けられます）。また、程度にもよりますが、建築工事費が割高になることもあります。

このように、高低差の影響は増価要因として働くものもあれば減価要因として働くものもあり、一概には割り切り難い面もありますが、総じて住宅地では一定の高さの範囲内においては増価要因となり、これを超える場合には減価要因となる傾向が強いといえます。その意味でも担保価値の把握に当たり現地踏査は不可欠であり、金融機関の融資担当の方は多忙な業務の中でもこれに手を抜くことはできません。

② 接面街路より低い位置にある場合

第2章　不動産価値を形成する要因

　住宅地の場合、接面街路より低い位置にある宅地の場合、そのほとんどが減価要因としてとらえられます。すなわち、このような宅地は日照が劣り、風通しや排水も悪く、見通しやプライバシー保護の点からも快適性に劣っているからです。また、出入りが不便なだけでなく、道路と等高な宅地とするために盛土や整地工事を要する分も減価要因として考慮する必要があります。

　なお、〈資料2-5〉は住宅地における角地のイメージを、〈資料2-6〉は接面街路より高い位置にある住宅地のイメージを示します。

〈資料2-5〉住宅地における角地のイメージ

〈資料2-6〉接面街路より高い位置にある住宅地のイメージ

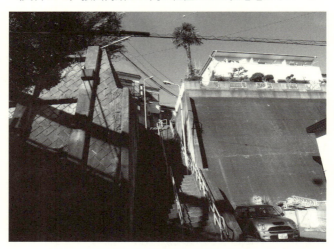

Q9 商業地の個別的要因の主なものを例示し、街路条件との関連を中心に解説してください。

A 1．商業地の個別的要因

商業地の個別的要因の主なものを例示すれば以下のとおりです。
(1) 地勢、地質、地盤等
(2) 間口、奥行、地積、形状等
(3) 高低、角地その他の接面街路との関係
(4) 接面街路の幅員、構造等の状態
(5) 接面街路の系統および連続性
(6) 商業地域の中心への接近性
(7) 主要交通機関との接近性
(8) 顧客の流動の状態との適合性
(9) 隣接不動産等周囲の状態
(10) 上下水道、ガス等の供給・処理施設の有無およびその利用の難易

⑾　情報通信基盤の利用の難易

⑿　埋蔵文化財および地下埋設物の有無ならびにその状態

⒀　土壌汚染の有無およびその状態

⒁　公法上および私法上の規制、制約等

2．角地および接面街路との関係

　住宅地の場合と同様に、2つの要因を例として考え方を解説します。

(1)　角地

　商業地の場合、角地であることにより一般的には通行量が増加して繁華性も増し、それだけ集客の可能性を高める誘因となります。収益性が特に重視される商業地の性格からすれば、立地している場所が角地であるかどうかは価格形成要因として重要です。また、角地は商品等の搬出入にも便利であるなど、大きなメリットがあります。

(2)　接面街路との関係（接面街路との高低差）

　商業地の場合、以下のとおり考えることが合理的でしょう。

　①　接面街路より高い位置にある場合

　　商業地の場合、住宅地と異なり快適性よりも収益性の面から価格が形成されています。この観点に立った場合、宅地が接面街路より高い位置にあることはむしろ出入りを不便なものとし、集客力を減少させる結果、減価要因として作用することの方が多いと考えられます。また、道路間に段差があれば商品の搬出入も不便となり、商業地としての効用もそれだけ減少します。ただ、なかには建物の配置・設計等により外観・グレード・宣伝効果に好影響を与える場合も考えられるため、個々の状況を鑑みて判断をすべきことに留意する必要があります。

　②　接面街路より低い位置にある場合

　　総じて減価要因として作用する点は住宅地の場合と同様であり、収益性や宣伝効果に与えるマイナス影響、商品の搬出入の不便さ等を考慮すれば、接面街路より低い位置にある宅地の方が高い位置にある宅地に比べて効用

が低いことが多いといえます。

なお、〈資料2-7〉は商業地における角地のイメージを示します。

〈資料2-7〉商業地における角地のイメージ

Q10 工業地の個別的要因の主なものを例示し、街路条件および工業地に特徴的な項目との関連を中心に解説してください。

A　1．工業地の個別的要因

工業地の個別的要因の主なものを例示すれば以下のとおりです。

(1) 地勢、地質、地盤等
(2) 間口、奥行、地積、形状等
(3) 高低、角地その他の接面街路との関係
(4) 接面街路の幅員、構造等の状態
(5) 接面街路の系統および連続性
(6) 従業員の通勤等のための主要交通機関との接近性
(7) 幹線道路、鉄道、港湾、空港等の輸送施設との位置関係
(8) 電力等の動力資源の状態および引込の難易
(9) 用排水等の供給・処理施設の整備の必要性

⑽　上下水道、ガス等の供給・処理施設の有無およびその利用の難易

⑾　情報通信基盤の利用の難易

⑿　埋蔵文化財および地下埋設物の有無ならびにその状態

⒀　土壌汚染の有無およびその状態

⒁　公法上および私法上の規制、制約等

２．角地、接面街路との関係および工業地に特徴的な項目

　住宅地、商業地のところで述べた２つの要因および工業地に特徴的な項目を例として考え方を述べておきます。

（1）　角地

　一般的に工業地の場合、角地であることによる効用増は住宅地や商業地に比べれば低いと考えられています。

　工業地の場合、角地であることによるメリットは出入りの便（特に車輌）が向上する点に求められます。ただし、工業地という性格を考えた場合、出入りおよび原材料・製品の搬出入は専ら車輌によっており、工場構内の移動も車輌によることが多いため、角地の効用は商業地や住宅地に比べて小さいといえます。

（2）　接面街路との関係（接面街路との高低差）

　工業地と接面街路との高低差の関係ですが、一般的にはその格差率の程度は住宅地、商業地と比べて少ないと考えられます。それは、工業地の場合、接面街路との高低差が快適性や収益性（集客力）というような価値に直接的な影響を与える要因に結びつかないことが理由であると思われます。

　しかし、高低差の程度が著しい場合は別問題であり、個々にその影響を勘案して格差率の大小を判定すべきことはいうまでもありません。その意味でも担保価値の把握に現地踏査は不可欠です（もっとも、現実的に高低差の程度が著しい場所に工場が建設されているケースはむしろ少ないと思われますが）。

(3) 工業地に特徴的な項目

　産業基盤指向型工業地帯等の大工場地については、特に幹線道路、鉄道、港湾、空港等の輸送施設との位置関係、電力等の動力資源の状態および引込みの難易が重視されます。

　次に、消費地指向型工業地帯等の中小工場地については、特に従業員の通勤等のための主要交通機関との接近性、用排水等の供給・処理施設の整備の必要性が重視されます。

　また、奥行の長い土地は一般的に利用効率の劣る分だけ減価が生じますが、工業地の場合にはその度合いは弱まり、この傾向は規模が大きければ大きいほど顕著となります。同様に、不整形の程度についても、規模の大きな工業地の場合には相対的に減価の度合いは弱まると考えられます。

　このほか、大工場地域の場合は地域内における関係位置の良否、専用鉄道引込線の有無、専用岸壁の有無および規模が、中小工場地域の場合は地域内における関係位置の良否も大きなウェイトを占めます。

　さらに、用排水等の供給・処理施設の整備の必要性との関連では、大工場地域、中小工場地域とも工業用水の有無、工場排水施設の整備の状態等を考慮に入れる必要があります。

　なお、土壌汚染の有無との関連については第4章および第7章で述べます。

Q11 建物の個別的要因の主なものを例示し解説してください。
　　　また、土地建物を一体としてとらえた場合の個別的要因についても解説してください。

A　1．建物の個別的要因

建物に関する個別的要因の主なものを例示すれば次のとおりです。
(1) 建築（新築、増改築または移転）の年次
(2) 面積、高さ、構造、材質等
(3) 設計、設備等の機能性

(4) 施工の質と量
(5) 耐震性、耐火性等建物の性能
(6) 維持管理の状態
(7) 有害な物質の使用の有無およびその状態
(8) 建物とその環境との適合の状態
(9) 公法上および私法上の規制、制約等

２．建物本体の個別的要因と担保評価上の留意点

(1) 建物本体としての個別的要因

　担保評価の際には非償却資産である土地の価格が最も重要視され、また、中古建物の売買の際には、建物が物理的に使用可能な状態にあるにもかかわらず、取引上の都合から更地価格を前提とした評価を行うケースも多く見受けられます。

　また、建物付土地の売買を例にとれば、仮に売主が建物を撤去して買主に土地を引き渡す条件であれば更地取引となり、現状有姿のまま引き渡す条件であれば更地価格から建物撤去費を控除した価格で取引するのが一般的です。このように、取引上の都合を考慮して、現実に建物が存在する場合でも更地という評価条件を付して評価するケースも多いといえます。このような場合、建物が存在してもその価値を評価しない結果となります。

　しかし、今日ではインテリジェントなオフィスビルや耐用年数の長いマンション等の普及により、土地建物一体の複合不動産としての経済価値を求めるニーズが増大してきています。また、耐震性やアスベストの使用の有無をめぐる社会的な関心も高まっています。したがって、建物評価の重要性はますます高まっているといえます。

　以下、鑑定評価の考え方に沿って建物評価の留意点を解説しますが、このことがそのまま担保評価にも役立ちます。

　① 建物は使用および時の経過とともに損耗し、価値の減少がみられるのが一般的であるため、上記１．の要因を考慮すべきは当然のことです。

また、規模の大小、高さ、構造、材質等により建築費は異なってきます。
② 　今日では、設計や設備の機能性が鑑定評価上の懸案事項とされ、これらが施工の質や量と深い関連を有することはいうまでもありません。
③ 　耐震性、耐火性等建物の性能という要因は、対象建物が建築基準法に基づく耐震基準（＝建築基準法施行令改正（1981年）による新耐震基準）に適合しているか否か、あるいはそれ以前のものかという視点から規定されたものであり、社会的な動向を反映したものといえます。そして、これらの相違は、原価法を適用する際の建物の再調達原価はもちろん、収益還元法の適用に当たっても還元利回りの査定等に影響を及ぼします。
④ 　維持管理の状態が残存耐用年数や補修費の程度に影響を与えることはもちろん、有害な物質（アスベストやPCB（ポリ塩化ビフェニル））の使用の有無およびその状態も減価要因の査定に大きな影響を及ぼします。
⑤ 　建物とその環境との適合の状態は複合不動産としての一体価格に影響を及ぼします。すなわち、建物が周辺環境からしてふさわしくないものであれば、土地の価値に建物価格を加算しただけでは、複合不動産としての適正な価格を示すとは考え難いといえます。
　　また、公法上および私法上の規制、制約等の項目は建物の用途、規模、高さ等に制約を加えるものであり、土地利用規制と一体となるものです。

(2) **建物の担保評価上の留意点**
① 　建物の鑑定評価に際し、新築後あまり年数を経過していない建物で、しかも設計図書（仕様書、平面図、立面図、間取図等）が容易に入手できるケースは比較的問題が少ないといえます。しかし、不動産鑑定士が実際に評価を依頼される案件はすべてこのような資料が整っているとは限らず、登記簿や法務局備付けの建物図面・各階平面図だけで建物の概要を把握することも多いのが実情です。このような場合、実査によりはじめて建物の個別的要因が把握されるといえます（建築時期や構造は登記簿で事前調査が可能ですが、仕上げや品等、設備の状況等は実査によ

第2章 不動産価値を形成する要因

って把握することになります)。

　これらの調査を通じて建築費（再調達原価）の程度を判断し、建物の価値に反映させていく必要があります。

　なお、建物は、対象物件ごとに構造、用途、規模、建築時期等が異なるため個別性が強く、特に木造以外の建物に関してはこの傾向が著しいといえます。さらに、非木造建物の場合、構造が多岐にわたるほか、技術革新により工法は年々進歩していることに留意する必要があります。

　また、再調達原価に関しては、用途別に過去の評価事例を分類し、例えば、鉄骨造で延床面積が〇〇〇 m^2 の工場であれば〇〇〇,〇〇〇円／m^2、同じ構造の事務所で延床面積が〇〇〇 m^2 のものであれば〇〇〇,〇〇〇円／m^2、マンション、戸建住宅、店舗等の場合にはそれぞれ〇〇〇,〇〇〇円／m^2 というようなデータを蓄積しておくことが評価作業に役立つといえるでしょう。その際、例えば、一口にマンションといっても分譲の場合と賃貸の場合とでは仕様が異なることがあり、その結果が再調達原価の相違となって積算価格に反映されてくるケースがあることに留意しなければなりません。このような事情は、自社ビルか賃貸ビルか等についても当てはまるといえます。

　さらに、建物評価で留意すべき点は、建物全体に占める設備の割合の相違が建物価格の差となって現れてくるということです。評価の実務では、再調達原価からの減価修正に際し、再調達原価を躯体に属するものと設備に属するものとに按分し、それぞれの金額に定額法等の手法を適用して減価修正額を求めている方法が多いといえますが、このような作業を行う根拠は以上述べた点に見出すことができます。

② 　建物の場合、維持管理の良否は残存耐用年数のいかんに影響し、これが適切に行われていないときは、通常計画し得る補修費の範囲を超えて補修を実施しなければ建物の機能維持に支障を生じかねません。

　このような場合、減価修正の程度は大きくなり、積算価格はその分だけ低くならざるを得ません。

③ この他、鑑定評価では以下の点にも留意することとされていますので、参考までに掲げておきます。
　1）設計、設備等の機能性
　　基準階面積、階高（床面からすぐ上の階の床面までの高さのこと）、床荷重、情報通信対応設備の状況、空調設備の状況、電気容量等に特に留意する必要があります。
　2）建物の性能
　　建物の耐震性については、建築基準法に基づく耐震基準との関係について特に留意する必要があります。また、建物の構造の安定、火災時の安全、劣化の軽減、維持管理への配慮、温熱環境、空気環境、光・視環境、音環境、高齢者等への配慮に関する事項については、住宅の場合、住宅の品質確保の促進等に関する法律に基づく日本住宅性能表示基準による性能表示を踏まえることに留意する必要があります。
　3）維持管理の状態
　　屋根、外壁、床、内装、電気設備、給排水設備、衛星設備等に関する破損・老朽化等の状況および保全の状態について特に留意する必要があります。
　4）有害な物質の使用の有無およびその状態
　　建設資材としてのアスベストの使用の有無および飛散防止等の措置の実施状況ならびにポリ塩化ビフェニル（PCB）の使用状況および保管状況に特に留意する必要があります。

(3) **土地建物を一体としてとらえた場合の個別的要因**

土地建物を一体としてとらえた場合の個別的要因については、以下の点に留意することが必要です。
　① 敷地内における建物、駐車場、通路、庭等の配置、建物と敷地の規模の対応関係等建物等と敷地との適応の状態
　② 賃貸用不動産に関する個別的要因としての賃貸経営管理の良否
　　1）借主の状況および賃貸借契約の内容

第2章　不動産価値を形成する要因

　2）貸室の稼働状況
　3）修繕計画および管理計画の良否ならびにその実地の状態

　ここでは、土地と建物とを一体としてみた場合、敷地内における建物の配置が非効率な状況にあるなど、建物と敷地が適応していなければ減価要因が生ずる点に留意が必要です。また、賃貸用不動産に関しては上記のとおり固有の価格形成要因が存在します。この点は、金融機関で融資や回収業務を担当される方にとっては特に留意すべき事項ではないでしょうか。

　建物およびその敷地に関する個別的要因としては、建物の配置が敷地と適応しているかどうかをはじめ、敷地内における駐車場、通路、庭等の配置状況も問題とされます。

　これらの状況が建物の利用効率に影響を及ぼすものでない限り、格別の減価要因は生じませんが、なかには同一敷地内にありながら極めて非効率な配置がなされており、減価要因の対象となるケースもあります。例えば、建物から道路に至る敷地部分に基礎のある障害物が存在し、これを取り除かなければ敷地の有効利用に支障が生じているような場合です。

　また、建物の規模が敷地の規模と比較して著しく均衡を欠くような場合も同様です（例えば、大規模な敷地で容積率も多く使用可能であるにもかかわらず、実際に建築されている建物が低層で小規模な場合がこれに該当します。

〈資料2-8〉大規模な敷地に小規模建物しか建っていない場合

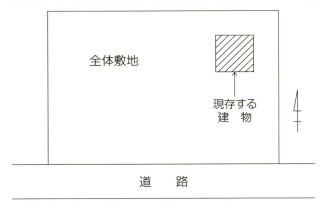

55

〈資料2-8〉を参照)。特に、このような敷地に建っている貸店舗は、土地建物一体としての収益性という点から担保価値の減少につながります。

なお、賃貸経営管理の良否が個別的要因の一つとして考慮される理由は、賃貸用不動産の価格は収益性のいかんによって影響を受けますが、賃貸経営管理の良否はこれに大きな影響を及ぼすためです。

具体的な項目としては以下のものがあげられます。

ア．共用部分の清掃

イ．共用設備の保守点検および運転

　共用設備としては、電気・給排水設備、消防設備、昇降機（エレベーター）、受水槽、機械式駐車場等があげられます。

ウ．ゴミ処理、消毒、除草等

エ．経常的な補修の実施

オ．賃料の徴収や諸費用の支払い

カ．マンションの場合には管理組合の運営

キ．その他の事務

また、管理人を常駐させたり、管理会社に管理を委託する場合には、受付業務や立会業務（外注業者へ発注した業務に対する立会い）、会計業務も加わります。一般的に管理という場合、以上述べたように現業的な意味合いで使用されることが多いといえますが、評価との関連では賃貸用不動産の経営方針の策定や運営に係る意思決定等まで含んだ概念で考える必要があります。

次に、居住用のみならず業務用にも共通することですが、建物の維持管理の良否は資産価値に大きな影響を及ぼす要因であり、管理会社に管理委託する場合には、管理会社のサービスの内容や質が重要な要素となることは否定できません。

賃貸用不動産の管理は個別性が強く、どのような項目についての管理を、誰がどのような方法によって実施しているのかによっても質の程度が左右されることが多いといえます。また、ケースによっては、管理を一括受託した管理会社がその一部を専門の管理会社に再委託していることもあります。さ

らに、管理項目は建物の規模や用途等によっても異なり、その結果が管理費の総額に大きな影響を及ぼしているのが実情です。このような実態を踏まえた場合、賃貸用不動産の管理に関してはその質に着目した調査が必要になるといえましょう。

　なお、マンションの場合、賃貸用不動産の管理コストに影響を及ぼす要因の例として、マンションのグレード、管理員の人件費や管理時間、エレベーターの設置台数等が重要です。

(4)　金融機関の融資および管理担当者が心得ておきたい事項

　建物の担保価値の把握に当たり、金融機関の融資および管理担当者に心得ておいて欲しい事項があります。それは、建物単体だけで価値を把握するのが不適切な場合も多いということです。これは、土地建物一体としての価値の把握という点からいままで述べてきたことを思い浮かべていただければ理解していただけるでしょう。とかく、建物の個別的な状況のみに目をとられて忘れがちなことですが、担保価値の把握において極めて重要です。

第3章

不動産価値の基本的な減価要因

1　間口狭小・奥行長大な土地は利用価値が劣る

Q1　不動産の担保価値をとらえる上で、間口が狭小な土地、奥行が長大な土地のリスクはどのように考えておけばよいでしょうか。

A　間口（道路に接する宅地の辺の延長）が狭小な土地、奥行（道路からの距離）が長大な土地は、特に建物の利用に当たって支障を及ぼすことが多いといえます。例えば、〈資料3-1〉のように、住宅地等で間口が2m程度の細長い宅地があるとすれば、その部分の利用方法は通行目的に限定されるでしょう。また、〈資料3-2〉のように、間口の長さに比べて奥行が長大な土地は建物の敷地として利用価値が劣るといえます。

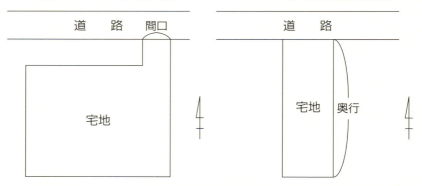

〈資料3-1〉間口が狭い土地　　〈資料3-2〉奥行が長大な土地

一般的に考えれば、間口は広いほど利用効率は高くなり、奥行は間口距離と均衡がとれている方が利用効率が高くなります。

相続税の財産評価基本通達や固定資産評価基準では、その目的（課税の中立性、簡便性等）から奥行価格補正率表を画一的に適用して間口、奥行による補正を行っていますが、鑑定評価では必ずしもこれと同じ考え方を適用しているわけではなく、担保評価においてもこのような見方が要求されます。

第3章　不動産価値の基本的な減価要因

　すなわち、ある程度の奥行距離のある土地でも、その土地の属する地域の標準的な形状の土地（標準的な画地）と比較してその状況に劣るところがない場合や、最有効使用（土地利用）に支障を与えない場合には、これを減価要因としてとらえる必要はないと考えられます。〈資料3-3〉の奥行価格補正率に関する土地価格比準表（注1）もこのような考え方を反映し、標準的な画地と比較した場合の対象地の優劣という点から格差率の程度を定めています。

　（注1）地価調査研究会編「土地価格比準表〔六次改訂〕」（住宅新報社、平成11年11月）によります。以下、単に「土地価格比準表」と呼ぶ場合にはこれを指します。

〈資料3-3〉土地価格比準表における奥行価格補正率

基準地＼対象地	普通	やや劣る	劣る	相当に劣る	極端に劣る	奥行逓減の程度について、次により分類し比較を行う。
普通	1.00	0.95	0.90	0.85	0.80	普通　標準的な画地とほぼ同じ奥行の画地
やや劣る	1.05	1.00	0.95	0.89	0.84	やや劣る　標準的な画地の奥行の1.5以上2.0未満の画地
劣る	1.11	1.06	1.00	0.94	0.89	劣る　標準的な画地の奥行の2.0以上2.5未満の画地
相当に劣る	1.18	1.12	1.06	1.00	0.94	相当に劣る　標準的な画地の奥行の2.5以上3.0未満の画地
極端に劣る	1.25	1.19	1.13	1.06	1.00	極端に劣る　標準的な画地の奥行の3.0以上の画地

　次に、奥行距離そのものとは別に、間口距離や間口・奥行のバランスからみた利用効率面での影響を検討し、価格に反映させる必要があります。すなわち、間口が標準的な画地に比べて著しく狭い土地（間口狭小地）、奥行が標準的な画地に比べて著しく長い土地（奥行長大地）または著しく短い土地（奥行短小地）は利用効率が劣り、減価が必要となります。

　その際に適用される間口狭小補正率、奥行長大補正率、奥行短小補正率の一例を土地価格比準表に基づいて示したものが〈資料3-4〉ないし〈資料3-

6〉です。

〈資料3-4〉土地価格比準表における間口狭小補正率

基準地\対象地	普通	やや劣る	劣る	相当に劣る	極端に劣る	間口狭小の程度について、次により分類し比較を行う。
普通	1.00	0.95	0.90	0.85	0.80	普通　標準的な画地とほぼ同じ間口の画地
やや劣る	1.05	1.00	0.95	0.89	0.84	やや劣る　標準的な画地の間口の0.6以上0.7未満の画地
劣る	1.11	1.06	1.00	0.94	0.89	劣る　標準的な画地の間口の0.4以上0.6未満の画地
相当に劣る	1.18	1.12	1.06	1.00	0.94	相当に劣る　標準的な画地の間口の0.2以上0.4未満の画地
極端に劣る	1.25	1.19	1.13	1.06	1.00	極端に劣る　標準的な画地の間口の0.2以下の画地

〈資料3-5〉土地価格比準表における奥行長大補正率

基準地\対象地	普通	やや劣る	劣る	相当に劣る	極端に劣る	奥行長大の程度について、次により分類し比較を行う。
普通	1.00	0.98	0.96	0.93	0.90	普通　標準的な画地の奥行と間口の比（奥行／間口）とほぼ同じ画地
やや劣る	1.02	1.00	0.98	0.95	0.92	やや劣る　標準的な画地の奥行と間口の比の1.5以上2.0未満の画地
劣る	1.04	1.02	1.00	0.97	0.94	劣る　標準的な画地の奥行と間口の比の2.0以上2.5未満の画地
相当に劣る	1.08	1.05	1.03	1.00	0.97	相当に劣る　標準的な画地の奥行と間口の比の2.5以上3.0未満の画地
極端に劣る	1.11	1.09	1.07	1.03	1.00	極端に劣る　標準的な画地の奥行と間口の比の3.0以上の画地

第3章　不動産価値の基本的な減価要因

〈資料3-6〉土地価格比準表における奥行短小補正率

基準地＼対象地	普通	やや劣る	劣る	相当に劣る	極端に劣る	奥行短小の程度について、次により分類し比較を行う。
普通	1.00	0.98	0.95	0.92	0.88	普通　標準的な画地とほぼ同じ奥行の画地
やや劣る	1.02	1.00	0.97	0.94	0.90	やや劣る　標準的な画地の奥行の0.6以上0.7未満の画地
劣る	1.05	1.03	1.00	0.97	0.93	劣る　標準的な画地の奥行の0.4以上0.6未満の画地
相当に劣る	1.09	1.07	1.03	1.00	0.96	相当に劣る　標準的な画地の奥行の0.2以上0.4未満の画地
極端に劣る	1.14	1.11	1.08	1.05	1.00	極端に劣る　標準的な画地の奥行の0.2以下の画地

　これらの補正率表を適用する場合に留意しなければならないのは、ここに掲げられている数値は絶対的な長さを基に算定されており、面積との関連を考慮に入れていないという点です。例えば、間口が10mの土地があるとしても、その土地の最有効使用が戸建住宅の敷地であれば間口狭小の土地とはいえませんが、規模が大きく最有効使用が共同住宅の敷地であれば間口狭小の土地ということになります。

　また、最有効使用が戸建住宅の敷地の場合には奥行長大となる長さであっても、共同住宅の敷地が最有効使用の場合には奥行長大とはいえず、かえってある程度の長さを有しなければ利用効率に支障を及ぼすケースも生ずる点に留意が必要です。

　担保物件の売却の際にも、このような考え方が価格に反映されてくることになります。

2　不整形地、三角地の価値が低くなる理由

Q2　不動産の価値をとらえる上で、不整形地のリスクはどのように考えておけばよいでしょうか。

A　一般的に不整形地とは地形のバランスを欠く土地のことを指しています。ただ、一概に不整形な土地とはいっても、その程度は一様ではありません。

不整形な土地のなかには建物の建築や配置に著しい影響を及ぼす土地（例えば、三角地でしかも面積が小規模なもの）もあれば、多少の凹凸を含むが建物の利用にほとんど影響を及ぼさない土地もあります。〈資料3-7〉は前者の例であり、〈資料3-8〉は後者の例です。

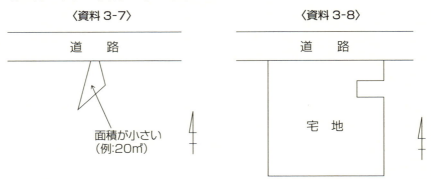

不整形な土地は一般に価値が低くなりますが、その理由は以下の点にあります。

○不整形な土地の価値が低くなる理由

不整形な土地は建物の建築や配置に著しい影響を及ぼすなど、単独では利用効率が劣ることは上記のとおりです。この他に、建物を建築せず駐車場として利用するにしても、効率の悪いレイアウトしかできない等の理由

第3章　不動産価値の基本的な減価要因

も考えられます。

　このような事情を反映し、市場での取引価格もその分だけ割安となる傾向があります。また、台形状の土地は、通常は不整形地としてとらえられていませんが、辺の傾斜度が高く、建物の利用に何らかの支障を及ぼす場合には不整形地としての減価要因を織り込むことがあります。

　対象地が不整形地に該当するか否かは、形状の度合いにより一般的な通念で判断することとなりますが、いくら長方形の土地であるといっても、間口・奥行のバランスを著しく欠く帯状の土地（〈資料3-9〉を参照）の場合には土地の利用効率が著しく低下することから、これを整形地として扱うのは不適切であるといえます。整形地と称するからには、やはり各辺のバランスのとれている土地を対象とすべきでしょう（そのとらえ方いかんにより格差率にも影響します）。

〈資料3-9〉

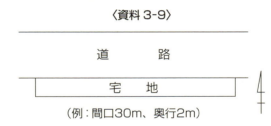

　参考までに、「土地価格比準表の手引き」（注2）によれば、不整形地の補正につき次の考え方が示されています。

（注2）地価調査研究会編「六次改訂　土地価格比準表の手引き」住宅新報社、平成12年7月、p.51

○不整形地補正の考え方
　不整形地または三角地は、建物等の敷地としての利用が、整形地に比較して余分の制約を受け、また、画地の全部が住宅地としての効用を十分に発揮できないため、これらの価格は低位になるものであり、地域における標準的な整形地に比し、不整形地または三角地の程度に応じて補

> 正することとなる。
> 　不整形地には、多角形のものあるいは凸凹形のもの等種々の形状のものがある。不整形地、三角地の補正にあたっては、画地条件における不整形地補正と三角地補正のいずれかにより行うこととし重複して補正することのないよう留意する必要がある。
> 　不整形地補正は、画地のうち、有効利用が阻害される部分に対して必要な補正を行うものであり、三角地補正は、三角地の利用度が最小角の大きさと最小角の位置ならびに面積の広狭によって異なるものであるから、これらの内容を考量して三角地の補正の程度を判定することとなる。

　上記の考え方は主に形状面に重点を置いたものと思われますが、不整形地であるゆえに利用効率に影響を及ぼす程度は画地の規模によっても異なるといえます。すなわち、画地の規模が小さくなればなるほど不整形による影響が強く作用し、反対に大規模な共同住宅や工場の敷地のように、画地の規模が小さくなればなるほどその影響は弱まる傾向にあるからです。

　不整形地の減価率の査定に当たっては、上記のとおりさまざまな要因が作用するため画一的な判断は難しいのですが、土地価格比準表に掲げられている標準住宅地域および普通商業地域の場合を例示すれば〈資料3-10〉のとおりです。

　また、不整形地のうちでも三角地については、前掲「土地価格比準表の手引き」（注3）に次の考え方が示されています（住宅地の場合）。
　　（注3）地価調査研究会編「六次改訂　土地価格比準表の手引き」住宅新報社、平成12年7月、p.70

> ○三角地補正の考え方
> 　三角地は、標準的な整形画地に比べ、建物等の敷地としての利用に制約を受け、画地の全部が住宅地としての効用を十分に発揮できないため、減価が生ずるものである。

第3章　不動産価値の基本的な減価要因

> 一般的に三角地の減価の程度は、その最小角の位置及びその大小により左右されるとともに、同じ角度のものであっても面積の大小により異なる。したがって、その格差率は、最小角の角度と画地の規模との両面から実態に応じて決定されることになる。

〈資料3-10〉土地価格比準表における不整形地補正率および三角地補正率
(1) 標準住宅地域の個別的要因比準表の一部

項　目	対象地／基準地	普通	やや劣る	劣る	相当に劣る	極端に劣る
不整形地	普通	1.00	0.95	0.90	0.85	0.70
三角地	普通	1.00	0.95	0.90	0.85	0.75

○不整形地の場合
不整形の程度について、次により分類し比較を行う。
　　普通　　　　標準的な画地の形状とほぼ同じ形状の画地
　　やや劣る　　やや不整形の画地
　　劣る　　　　不整形の画地
　　相当に劣る　相当に不整形の画地
　　極端に劣る　極端に不整形の画地

○三角地の場合
三角地の画地利用上の阻害の程度について、次により分類し比較を行う。
　　普通　　　　標準的な画地の形状とほぼ同じ形状の画地
　　やや劣る　　利用上の阻害の程度がやや大きい画地
　　劣る　　　　利用上の阻害の程度が大きい画地
　　相当に劣る　利用上の阻害の程度が相当に大きい画地
　　極端に劣る　利用上の阻害の程度が極めて大きい画地

(2) 普通商業地域の個別的要因比準表の一部

項　目	対象地／基準地	普通	やや劣る	劣る	相当に劣る	極端に劣る
不整形地	普通	1.00	0.98	0.95	0.92	0.90
三角地	普通	1.00	0.98	0.95	0.92	0.90

○不整形地の場合
　不整形の程度について、次により分類し比較を行う。
　　　普通　　　　標準的な画地の形状とほぼ同じ形状の画地
　　　やや劣る　　長方形又は台形に近い形状で、有効利用度が高い画地
　　　劣る　　　　　　〃　　　　　　　　　有効利用度が低い画地
　　　相当に劣る　その他の形状で、面積が大きく有効利用度が高い画地
　　　極端に劣る　その他の形状で、有効利用度が高い画地
○三角地の場合
　三角地の画地利用上の阻害の程度について、次により分類し比較を行う。
　　　普通　　　　標準的な画地の形状とほぼ同じ形状の画地
　　　やや劣る　　面積が大きく、角度の小さいものがない画地
　　　劣る　　　　　　〃　　　角度の小さいものがある画地
　　　相当に劣る　面積がやや小さく、　　〃
　　　極端に劣る　面積が小さく、角度の小さいものがある画地

　三角地であることによる不整形補正率は最大で▲30％程度とみるのが標準的ですが、これも三角地という一般的な形状からとらえたものであり、間口の著しく狭い三角地の場合には建物の利用に一層の支障を及ぼすことから、さらに減価を織り込むことが合理的と考えられます。

　金融機関の担当の方がこの他に留意しておきたい点は、それぞれの土地の形状とともに、不整形の度合いが土地の有効利用度とともに市場性に与える影響（住宅地であれば快適性、商業地であれば収益性・利便性）を考慮しながら減価率の査定を行う必要があるということです。その結果が担保物件の売却時の価格にも反映されてくることが多いためです。

第3章　不動産価値の基本的な減価要因

3　路地状敷地（袋地）の価値が低くなる理由

Q3　不動産の価値をとらえる上で、路地状敷地であることによるリスクはどのように考えておけばよいでしょうか。

A　前項では三角地をはじめ、一般的に建築物の建築に支障を及ぼすような土地を対象に、不整形地であることによる減価方法等を取り上げました。本項では、〈資料3-11〉のように建築物の建築には特段の支障はないものの、形状が旗竿に類似している土地（路地状敷地）について取り上げます。

〈資料3-11〉路地状部分の幅と長さとの関係

W：路地状部分の幅（m）
L：路地状部分の長さ（m）

路地状敷地も長方形のバランスのとれた土地に比べて価値は低くなるのが通常ですが、その理由は次のとおりです。
① 有効宅地部分（帯状の通路の奥に位置し、建物の敷地として利用可能な部分）が直接道路に接していないため、利便性や快適性が劣ります。

② 住宅地域内にある路地状敷地は日照や眺望の良否に影響し、商業地域内にある路地状敷地は人目につきにくいため集客数の多少に影響します。

また、(後掲のとおり) 路地状敷地に適用される建築制限 (用途、規模、構造等) もあり、これに抵触する場合にはその分の減価も考慮する必要が生じてきます。これは目に見えない部分であり、金融機関の担当者も留意する必要があります。

このため、対象地の形状面だけでなく、近隣地域における標準的使用から判断して対象地の最有効使用は何であるか、上記のような建築制限を考慮した場合に最有効使用が可能かどうか、これが可能な場合でも対象地の利用上制限を受ける場合があるか否か等を十分に調査することが必要となります。

さらに、路地状敷地であるが故に生ずる快適性、収益性等への影響度を把握し、減価率に反映させることも必要です。

本項では、〈資料3-11〉の図では間口が2m確保されていることを前提に、すなわち建築基準法上の接道義務 (注4) を満たしていることを前提に路地状敷地の評価方法を解説しますが、仮に間口が2m未満である場合には、このままでは建築基準法の接道要件を満たさないため、建物の建築ができないこととなります。この場合には不整形地としての評価方法ではなく、無道路地としての評価方法が適用されることとなっています (これについては別項で取り上げます)

(注4) 建築基準法第43条第1項では、建築物の敷地は道路に2m以上接しなければならないと規定しています。

建築基準法第43条第2項では、地方公共団体は一定の建築物の敷地が接しなければならない道路の幅員、その敷地が道路に接する部分の長さ等につき条例で必要な制限を附加することができる旨を定めています。

例えば、東京都建築安全条例第10条では、原則として特殊建築物 (アパート・マンションのような共同住宅もこれに含まれます) は路地状部分のみによって道路に接する敷地に建築してはならない旨を規定しています (例外として、周囲に避難通路を確保すること等により安全上支障がないと認めら

れる場合には許可されることがあります）。ここで、路地状部分とは、〈資料3-11〉のように、建物の敷地ではなく、通行のみに供する部分を指しています。

また、同条例第3条では路地状部分の幅（〈資料3-11〉におけるW）と路地状部分の長さ（同じくL）との関係については〈資料3-12〉のような制限を設けています。このように、建築基準法上は建物の建築が可能であっても、地方公共団体の条例等によって厳しい制約が付されている場合には、事実上建物の建築や改築が不可能となる場合が生じるわけです。

〈資料3-12〉路地状部分の長さ（L）と幅（W）との関係

路地状部分の長さ（L）	右 記 以 外	耐火・準耐火建築物以外の建築物で延べ面積が200m²を超える場合
20m以下	2m以上	3m以上
20m超	3m以上	4m以上

例えば、〈資料3-12〉に照らした場合、耐火（準耐火）構造となっていない住宅で延べ面積が200m²を超えるような大きな建築物は、その敷地が路地状部分のみによってしか道路に接しなければ、接道幅が2mあっても建築可能な要件を満たさないことになります（建築基準法の規定よりも厳しい3mの接道幅が要求されるからです）。

これらのことをはじめ、路地状敷地は諸々の建築制限を受けることが多いため、これによる減価率を土地価格に的確に反映させなければリスクが大きいといえます。このようなとらえ方は金融機関の担当の方に是非必要と思われます。

次に、減価率の程度ですが、「土地価格比準表」では袋地の場合につき〈資料3-13〉の目安を示しています（ここにいう「袋地」と路地状敷地は同義です）。

〈資料3-13〉袋地の比準表

(標準住宅地域の場合)

格差の内訳	備考
(イ)有効宅地部分の減価率 | 路地状部分の奥行	最高減価率 | |---|---| | 10m未満の場合	10% | | 10m以上20m未満の場合	15% | | 20m以上の場合	20% | (ロ)路地状部分の減価率 30%～50%	袋地の価格は袋地が路地状部分(進入路)と有効宅地部分によって構成されているので、これらの部分の価格をそれぞれ評価して得た額を加えて求めるものとする。 (イ)有効宅地部分の価格は、袋地が接する道路に当該有効宅地部分が直接接面するものとして評価した当該有効宅地部分の価格(標準価格)に路地状部分の奥行を基準とした左欄の率を限度として減価を行って求める。 (ロ)路地状部分の価格は、上記(イ)の有効宅地部分の標準価格に、路地状部分の間口、奥行等を考慮して、左欄の率の範囲内で減価を行って求める。

(普通商業地域の場合)

対象地の間口と奥行、路地状(進入路)部分の奥行の関係および対象地の地形を考慮して間口狭小および奥行長大等の率を準用して補正するものとする。

　これを参考に、〈資料3-14〉の住宅地について、有効宅地部分が前面道路に直接接するものとして評価した価格(標準的な画地の価格)と比較した場合の減価率を査定してみます。ここでは、対象地の属する用途地域は第一種中高層住居専用地域、建ぺい率60%、容積率200%、対象地上に建築する建築物は準耐火構造のものを想定します。

　「土地価格比準表」に当てはめた場合、対象地の路地状部分の奥行が12mであることから、有効宅地部分の最高減価率は15%となります。また、路地状部分の最高減価率は50%とされています。担保価値の安全性の点から仮に最高の減価率を採用したとして、有効宅地部分が前面道路に直接接面す

第3章　不動産価値の基本的な減価要因

る状態での価値を100％とした場合の対象地の価値を計算すれば次のとおりです。

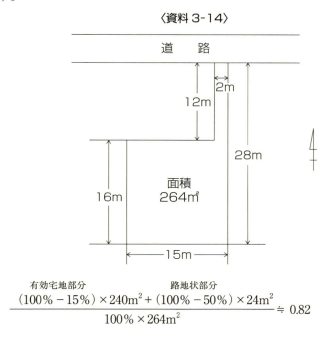

〈資料3-14〉

$$\frac{\overset{\text{有効宅地部分}}{(100\%-15\%)\times 240\text{m}^2}+\overset{\text{路地状部分}}{(100\%-50\%)\times 24\text{m}^2}}{100\%\times 264\text{m}^2}\fallingdotseq 0.82$$

　このように、対象地の価値は標準的な画地のそれと比べて約80％（＝減価率20％）となります。上記の格差率は、対象地上に建築する建築物が規模の大きな普通住宅を前提にとらえた場合ですが、対象地の属する用途地域が第一種中高層住居専用地域で使用可能な容積率も200％であることから、近隣地域の標準的使用は中高層の共同住宅であることも十分に考えられます。現地調査の結果、近隣地域がそのような状況にあると判断される場合には、対象地のもつ特性（路地状部分のみによってしか道路に接しない土地であること）を鑑み、条例等により共同住宅の建築が不可能（最有効使用の実現が困難）となる分の減価を織り込む必要があるといえます。このような場合には、対象地の価値は標準的な画地の80％相当額よりもさらに下回ると考えることが合理的です。

4 道路に直接面していない土地(無道路地)の減価要因と減価率

Q4 不動産の価値をとらえる上で、無道路地であることによるリスクはどのように考えておけばよいでしょうか。

A 道路に直接面していない土地(〈資料3-15〉参照)のことを、鑑定評価では無道路地と呼んでいます。このような土地を民法では袋地と呼んでいますが、鑑定評価で袋地と呼ぶ場合には路地状敷地(幅の狭い通路部分を介して道路に接続している土地)のことを指しており、この点の区別が必要です。

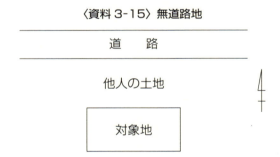

〈資料3-15〉無道路地

○民法上の袋地
　民法上の袋地とは、上記のとおり道路に全く接しない土地(無道路地)のことを指しますが、条文上で「袋地」という用語が明確に表現されているわけではありません。民法の条文では、下記のとおり第210条第1項の下線部がこれに該当し、また、民法の解説書や判例には無道路地を指して袋地と呼んでいる例がしばしば見受けられます。このため、本書でも無道路地という用語を民法上の袋地の意味で使用しておきます。

〔民法〕
（公道に至るための他の土地の通行権）
第210条　<u>他の土地に囲まれて公道に通じない土地</u>の所有者は、公道に至るため、その土地を囲んでいる他の土地を通行することができる。
2　池沼、河川、水路若しくは海を通らなければ公道に至ることができないとき、又は崖があって土地と公道とに著しい高低差があるときも、前項と同様とする。

〔民法の解説書〕
「他の土地に囲まれた土地は、袋地とよばれる（旧民財産編218）。これに対して、他の土地と池沼、河もしくは海とによって囲まれた土地は、準袋地とよばれる。いずれも、他の土地を通行することなしには十分な土地利用を図ることが不可能もしくは著しく経済的に困難であるので、民法は、有償を原則とする囲繞地通行権を認めたのである。」

「袋地の場合には、『他ノ土地』によって囲繞されていることが必要である。」（「注釈民法(7)物権(2)」有斐閣、昭和43年12月、p.210、野村好弘執筆部分）

この解説にもみられるとおり、袋地ということばは旧民法からの由来であり、無道路地の意味で用いられてきたことが理解できます。

〔判例〕
袋地の所有権を取得した者は、所有権取得登記を経由していなくても、囲繞地（その土地を囲んでいる他の土地）の所有者ないし利用権者に対して、囲繞地通行権を主張することができる（昭和47年4月14日最高裁判決、民集26-3-483）。

ところで、無道路地には単独では建物の建築をすることができないため、大幅な減価要因が発生します。このため、無道路地を評価する場合には、その土地に最も近接する道路沿いに標準的な画地を想定し、それと比較した場合の阻害要因を反映させて減価率を査定することが一般的です（〈資料3-

16〉を参照)。

〈資料3-16〉想定する標準的な画地

土地価格比準表では、「現実の利用に最も適した道路等に至る距離等の状況を考慮し取付道路の取得の可否及びその費用を勘案して適正に定めた率をもって補正するものとする」と規定しています（イメージは〈資料3-17〉を参照）。

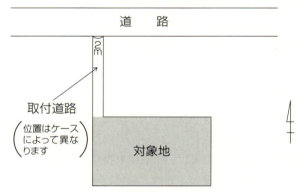

〈資料3-17〉想定する取付道路のイメージ

この手法は、上記のとおり想定した標準的な画地の価格から、無道路地が建築基準法上の接道義務を満たすために最低限支出を必要とする金額を控除するという考え方に立脚しています。

ただ、無道路地のなかには、道路に至るまでの距離が短いものもあれば、長いものもあります。さらに、道路に至るまでの間に隣接土地所有者の建物

第3章　不動産価値の基本的な減価要因

が建築されていて、その一部を撤去しなければ通行が難しい場合（無道路地の解消可能性がかなり低い場合）もあります。

　一概に無道路地といっても、その状況には上記のとおりさまざまなケースが存在するため、鑑定評価上は標準的な画地の価格から道路の取付費用を控除した金額がそのまま無道路地の価格となるとは限りません。そして、取付道路の距離が長ければ長いほど、奥地に存する宅地は居住の快適性や搬出入の点で見劣りがするのが通常です。上記の事情から、土地価格比準表では無道路地の減価率について画一的な基準を設けることはせず、評価の考え方を示すにとどまっているものと推察されます。

　一方、課税上の評価では、むしろ画一的で簡易な評価方法が採用されており、例えば財産評価基本通達（20-2）では、無道路地の価額は、実際に利用している路線の路線価に基づき不整形地の評価方法によって計算した価額から、100分の40の範囲内で相当と認める金額を控除した価額とされています。そして、その際の100分の40の範囲内で相当と認める金額とは、建築基準法上の接道義務を満たすための通路開設費用（通路部分の面積×路線価）とする旨規定されています。

　土地価格比準表や課税上の取扱いに関しては上記のとおりですが、鑑定評価では、建築基準法上の接道義務を満たすための取付道路の確保の可能性を個別・具体的に検討した上で、さらにその取得費用（＝隣接地所有者からの買取価格）を見積り、これを減価率に反映させることが必要となります。さらに、このような面だけでなく、道路に至るまでの距離の長さが建物の敷地の最有効使用に支障を及ぼす程度も検討する必要があります。

　もっとも、無道路地は上記のとおり担保価値も著しく低いものですから、金融機関の融資担当者にとってはこのような土地を担保の対象としないことが安全であることは目に見えています。このため、本項では、いままで感覚的に無道路地の価値は低いといわれてきたことにつき、その理由を根拠付けて所有者に説明できるための考え方を身に付けていただければ結構です。

5 無道路地ではないが接道義務を満たさない土地の評価方法

Q5 不動産の価値をとらえる上で、無道路地ではないが接道義務を満たさない土地であることによるリスクはどのように考えておけばよいでしょうか。

A 現実に存在する宅地のなかには、建築基準法上の道路（幅員4m以上で一定の要件を満たすもの）に全く接していないか、接していても間口が4m未満で建築可能な要件を満たしていないものもあります。前者はいわゆる無道路地であり、後者は無道路地ではないものの宅地の効用が無道路地にやや近いものと考えられます。

金融機関の融資担当者がこのような物件を担保に入れたいと相談を受けた場合、その価値をどのように把握すればよいでしょうか。

無道路地も接道義務を満たさない宅地の一つであることに相違はありませんが、これについては前項で取り上げたため、本項では後者のケース（道路に接するが間口2m未満）についてその性格や評価の考え方を取り上げます。

〈資料3-18〉間口が狭く接道義務を満たさない土地

第3章　不動産価値の基本的な減価要因

ちなみに、本章で取り上げる「接道義務を満たさない土地」とは〈資料3-18〉のイメージのものです。

1．接道義務を満たさない宅地の性格

接道義務を満たさない宅地は建築物の建築ができないことから、このままでは資材置場や駐車場としての利用以外に活用の途はありません。

しかし、このような土地も、間口が2m未満ではあるものの道路に接していることは事実であり、全くの無道路地と比較すれば間口を2mに拡幅できる可能性が少しは残されているといえます。ただし、これは一般論であり、宅地の接する道路状況や隣接地の利用状況は個々のケースで異なるため、すべてにつき同様の判断をすることはできません（例えば、隣接地に建物が目一杯建築されており、現実に拡幅不能という例もあります）。

以上の点を鑑みた場合、接道義務を満たさない宅地の価値は接道義務を満たす宅地の価値に比べて低い（減価要因が大きい）が、全くの無道路地に比べれば価値は高い（減価要因は少ない）といえます。

〈資料3-19〉間口狭小補正率

基準地＼対象地	普通	やや劣る	劣る	相当に劣る	極端に劣る	間口狭小の程度について、次により分類し比較を行う。
普通	1.00	0.95	0.90	0.85	0.80	普通　標準的な画地とほぼ同じ間口の画地
やや劣る	1.05	1.00	0.95	0.89	0.84	やや劣る　標準的な画地の間口の0.6以上0.7未満の画地
劣る	1.11	1.06	1.00	0.94	0.89	劣る　標準的な画地の間口の0.4以上0.6未満の画地
相当に劣る	1.18	1.12	1.06	1.00	0.94	相当に劣る　標準的な画地の間口の0.2以上0.4未満の画地
極端に劣る	1.25	1.19	1.13	1.06	1.00	極端に劣る　標準的な画地の間口の0.2以下の画地

2．接道義務を満たさない土地の評価

　鑑定評価で、土地価格比準表の考え方を応用して接道義務を満たさない土地の評価を行う場合、〈資料3-19〉の補正率を参考にすることがあります。

　すなわち、〈資料3-20〉の①、②のような間口の狭い土地があり、その延長が2m未満である場合、対象地の間口狭小の程度が標準的な画地と比較してどのような状況にあるのか（＝「やや劣る」のか、「劣る」のか、「相当に劣る」のか等）を判定した上で、補正率を査定することになります。

　また、〈資料3-20〉の③のような土地（路地状敷地）でも、間口が2m程度あるいはこれに満たない場合には、同様に間口狭小補正を行って路地状敷地の評価額を求める方法もあります。

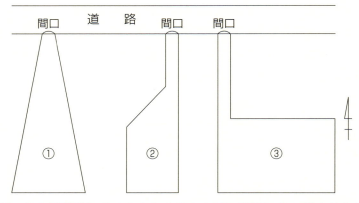

〈資料3-20〉

　ただ、より理論的に求めようとするならば、道路に2m接すると想定した場合の路地状敷地の価格を最初に求め、これから接道義務を満たすために要する拡幅対象面積に相当する買収費用や工事費用を控除する方法が適用されます（そのイメージ図を〈資料3-21〉に掲げます）。

　金融機関の方々が担保価値の安全性という観点から検討する場合には、単に間口・奥行等の関係だけでなく、このような視点を織り込むことが必要ではないでしょうか。

第3章　不動産価値の基本的な減価要因

〈資料3-21〉間口が狭く接道義務を満たさない土地

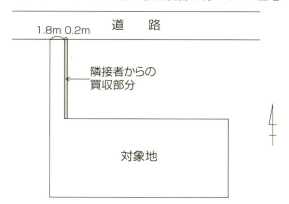

○対象地（接道義務を満たさない路地状敷地）の価格＝接道義務を満たす（＝道路に2m接する）路地状敷地の価格－土地買収に係る費用－取付道路の工事費用

　上記算式において控除される金額が、接道義務を満たさないことによる減価要因に相当する価額であるといえます。
　ただし、土地買収に係る費用を検討する場合、対象地と同じ道路に面する標準的な画地の価格をそのまま適用すればよいとは限らない点に留意する必要があります。なぜならば、このような土地は市場に供給されている売り物件とは異なり、隣接地の所有者がいつでも売却に応じてくれるかどうか予測が困難なためです。また、隣接者が仮に売却に応じてくれたとしても、その結果が隣接者にとって残地利用に支障を来すこととなる場合には、通常の価格での売買でなく、残地補償込みの価格でなければ売買が成立しないことも考えられます。
　さらに、隣接地の所有者にとっては、もともと売却物件でないものを接道義務を満たさない土地の所有者の都合という予期しない事情により売却の検討をせざるを得ない状況となります。このため、買収までに要する期間や実現性の程度も考慮に入れなければなりません。

なお、参考までに、財産評価基本通達では、無道路地も接道義務を満たしていない宅地も評価上の差異を設けず以下のとおり同じ考え方で行うこととしています。ただし、接道義務を満たしていない宅地の評価の難しさを鑑みた場合、このような措置はあくまでも申告者の評価の簡便性に配慮したものと受け止めることが現実的であると思われます。

○財産評価基本通達
（無道路地の評価）
20-2　無道路地の価額は、実際に利用している路線の路線価に基づき20《不整形地の評価》の定めによって計算した価額からその価額の100分の40の範囲内において相当と認める金額を控除した価額によって評価する。この場合において、100分の40の範囲内において相当と認める金額は、無道路地について建築基準法（昭和25年法律第201号）その他の法令において規定されている建築物を建築するために必要な道路に接すべき最小限の間口距離の要件（以下「接道義務」という。）に基づき最小限度の通路を開設する場合のその通路に相当する部分の価額（路線価に地積を乗じた価額）とする。
（注）1　無道路地とは、道路に接しない宅地（接道義務を満たしていない宅地を含む。）をいう。
　　　2　20《不整形地の評価》の定めにより、付表5「不整形地補正率表」の（注）3の計算をするに当たっては、無道路地が接道義務に基づく最小限度の間口距離を有するものとして間口狭小補正率を適用する。

　最後に、実際の評価に際しては建築基準法の規定の他に地方公共団体の建築安全条例を十分に調査し、路地状部分の長さと幅員の関係について把握しておくことが不可欠となります。すなわち、路地状敷地は地方公共団体の条例で、建築基準法の規定よりも厳しい接道規定を置いていることが多いからです。このことは担保価値の安全性を検討する上で重要な要件になります。

第3章　不動産価値の基本的な減価要因

6　崖地および崖地を含む土地の評価方法

Q6　不動産の価値をとらえる上で、崖地および崖地を含む土地であることによるリスクはどのように考えておけばよいでしょうか。

A　1．崖地とその経済価値

数多い土地のなかには平坦地だけでなく、崖地そのもの、あるいは崖地を含む一団の土地も含まれます（〈資料3-22〉に崖地の一例を掲げます）。

崖地は一般的に未利用のまま残されていることが多いですが、別荘地のように建物の敷地と一体となって一団の土地をなしていることもあります。

崖地は当然のことながら平坦な土地に比べて建物としての利用価値が劣るため、相応の減価が必要となります。しかし、一概に崖地といってもその程度はさまざまです。崖地の中には傾斜の緩やかなものから絶壁に近いものまであるため、はじめからその価値をゼロとみなしてしまうことは適切ではありません（〈資料3-22〉は傾斜の緩やかなケースです）。

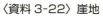
〈資料3-22〉崖地

崖地はそのままでは通常の用途に供することはできません（このため担保としては不向きです）が、建ぺい率や容積率の計算に算入可能であること、採光や通風などの点で宅地の環境を維持していくに当たりそれなりの貢献が認められること等から、ある程度の価値を認めて評価しているのが通常です。

　また、崖地は傾斜の方位によって日照の度合いは異なり、また、傾斜の度合いによっても利用価値や造成の難易に影響を与えます。

2．崖地の格差率の査定

　鑑定評価においては土地価格比準表に定める崖地の評価方法が一つの拠り所となっており、担保評価にもこの見方が役立ちます。

　以下、土地価格比準表に基づき、標準住宅地域内にある崖地を例としてその評価方法を取り上げます（土地価格比準表中の「個別的要因比準表」「画地条件」の項を参照）。

崖地等	崖地等で通常の用途に供することができないものと認められる部分を有する画地の場合は、別表第30に基づき適正に定めた率をもって補正するものとする。

　なお、土地価格比準表別表第30とは〈資料3-23〉に示すものです。

　この表の適用方法についてですが、まず最初に崖地の傾斜度合いから判断して、その崖地が利用可能な崖地か利用不可能な崖地かを区別することが必要となります。ここで、利用可能な崖地とは傾斜度が15°未満のもの、利用不可能な崖地とは傾斜度が15°以上のものを指す旨定められています。

　そして、崖地部分の格差率（すなわち平坦宅地部分の価値を100とした場合の崖地部分の価値のことです）は、崖地部分と平坦宅地部分との関係位置および傾斜方位から査定される格差率（〈資料3-23〉の表の①を参照）に崖地の傾斜の状況による格差率（〈資料3-23〉の表の②を参照）を乗じて求めることとされています。

第3章 不動産価値の基本的な減価要因

〈資料3-23〉崖地格差率表

区別	①崖地部分と平坦宅地部分との関係位置・方位			②崖地の傾斜の状況		備考
	崖地部分と平坦宅地部分との関係位置	傾斜方位	格差率	有効利用の方法	格差率	
利用不可能な崖地（傾斜度15°以上）	下り崖地（法地）崖地部分が対象地内で下り傾斜となっている場合	南東西北	50～80 40～60 30～50 10～20	イ．崖状を呈し、庭としての利用はほとんど不可能 ロ．人工地盤により宅地利用も可能であるが、通常の住宅建築は不可能	60～70	崖地の格差率は、崖地部分と平坦宅地部分との関係位置・方位による格差率に崖地の傾斜の状況による格差率を乗じて求める。 (1) 本表の格差率は、平坦宅地部分を100とした場合の格差率である。 (2) 崖地で2メートル以下の高さの擁壁または0.6メートル以下の土羽（注）の法地部分については、これを本表の崖地等として取り扱わない。 (3) 崖地部分が対象地内で上り傾斜となっている上り崖地については、別途その状況を判断して格差率を求める。
利用可能な崖地	下り崖地（法地）	南東西北	70～90 55～70 50～60 40～50	通常の基礎を補強すれば、住宅建築が可能であるが、崖地を直接庭として利用することは安全性からみて不可能	80～90	

（出所）地価調査研究会編「土地価格比準表（六次改訂）」住宅新報社

（注）筆者注：土羽（どは）とは土木用語で、盛土工事による法面（のりめん）のことを指します。

例えば、崖地と平坦宅地部分の関係位置を下り傾斜とし（通常、崖地の境界は法（のり）の下にあると定められていることが多いため、このような位置関係を前提に土地価格比準表が定められています）、崖地の方位を南と仮定した場合の格差率が〈資料3-23〉に基づき80と査定されたとします。また、崖地の傾斜の状況による格差率が70と査定されたとすれば、崖地部分の格差率は、

$$\frac{\overset{(崖地部分と平坦宅地部分との関係位置・方位)}{80} \times \overset{(崖地の傾斜の状況)}{70}}{100} = 56$$

と計算されます。

　以上述べてきた内容は、崖地そのものの格差率をどのようにして求めるかということでしたが、次に、このような崖地を含む一団の土地の価値を求めるという作業が必要となります。
　これに関しては、土地価格比準表の解説（注5）に次の解説があります。
　　（注5）地価調査研究会編「土地価格比準表の手引き（六次改訂）」住宅新報社、2000年7月、p.74

「崖地部分を含む画地についての格差率を求めるには、崖地部分の格差率から崖地部分の減価率を求め、画地総面積に占める崖地面積の割合を乗じ、画地総面積に対する減価率を求めたうえで格差率を求めることとなる。」
　この計算例として、画地総面積250m²、崖地部分の面積50m²、崖地と平坦宅地部分の関係位置を下り崖地、傾斜の方位を南、傾斜度を15°とした場合の画地全体における格差率が次のとおり0.91となる旨が示されています（ただし、前提として崖地部分と平坦宅地部分との関係位置・方位による格差率を80、崖地の傾斜の状況による格差率を70としていることから、崖地部分の格差率は上記で示した結果と同様に56と計算されます）。

第3章　不動産価値の基本的な減価要因

対象地の画地条件による格差率

$$= 1 - \left\{ \frac{\overset{(崖地部分の減価率)}{100 - 56}}{100} \right\} \times \frac{50\text{m}^2}{250\text{m}^2} = 0.912 \ (\fallingdotseq 0.91)$$

したがって、画地全体を平坦地であると想定した場合の価値を1とすれば、崖地を含む対象地の価値は0.91ということになります。

また、鑑定評価では次の考え方により、これと同様の結果を導く計算を行うこともあります。

すなわち、先ほどと同じ前提条件を用いて、平坦地部分の面積を200m²（その格差率を100）、崖地部分を50m²（その格差率を56）とすれば、対象地の価値は全体を平坦地と想定した場合と比べて、

$$\frac{\overset{(平坦部分)}{200\text{m}^2 \times 100} + \overset{(崖地部分)}{50\text{m}^2 \times 56}}{\underset{(全体面積)}{250\text{m}^2 \times 100}} = 0.912 \fallingdotseq 0.91$$

と計算されます。

以上述べてきた考え方に沿い、〈資料3-24〉の土地についての格差率計算を行ってみます。

〈資料3-24〉崖地を含む土地

（断面図）

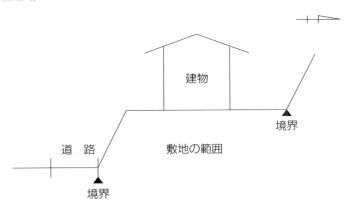

（平面図）

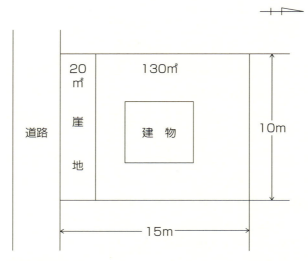

① 崖地部分の格差率の査定
格差率＝（80×70）／100＝56

② 対象地の画地条件による格差率

$$1 - \frac{\overset{(崖地部分の減価率)}{100-56}}{100} \times \frac{20\mathrm{m}^2}{150\mathrm{m}^2} = 0.941 \fallingdotseq 0.94$$

　以上、土地価格比準表により崖地を含む土地の評価方法を説明してきましたが、この表はその備考欄にもあるように崖地のなかでも2m以下の高さの擁壁等については適用対象外とし、また、敷地内で上り傾斜をなしている崖地も同様に適用対象外としています。
　既に述べたように、崖地の境界は通常は法（のり）の下の部分に定められていることが多いため、実際には上り崖地を含む土地は少ないことと思われます。しかし、もしそのような土地があり、そのままの形での利用が困難な場合には、平坦地部分に及ぼす効用が極めて小さいことから、この格差率表

第3章　不動産価値の基本的な減価要因

で求めた評価額に比し極端に減価するものと思われる（注6）、とみられています。

　（注6）土地評価理論研究会「特殊な画地と鑑定評価」第6章「崖地を含む土地」（鵜野和夫執筆部分、p.134、清文社、1998年4月）参照。

なお、土地価格比準表は格差率判定に際しての標準的な目安を示すものですが、評価に際しては個々の状況を判断せずしてこの数値を機械的に適用すべきでないことはもちろんです。その理由は、同じ下り傾斜の崖地でも個々のケースによって眺望の範囲は異なり、特に住宅地の場合には景観の良否が土地価格に及ぼす影響を軽視することができないからです。

金融機関の融資担当者にとっては、崖地のような物件を担保として受け入れることは望ましいことではないといえますが、一概に崖地といっても状況が異なることに留意が必要です。

7 水路を介して道路に接する土地の減価率

Q7 不動産の価値をとらえる上で、水路を介して道路に接する土地であることによるリスクはどのように考えておけばよいでしょうか。

A 宅地と街路との間に細長い形で帯状に水路が介在している例をよく見かけます。このような土地の場合、街路と宅地をまたぐ部分については占用許可を受けて建物を建築しているのが通常であると思われます（水路の状況によっては、建築確認上は水路と街路を一体のものと判断し、当該宅地を無道路地としては扱っていないという例もあります）。

しかし、宅地と街路との間に水路が介在する場合には街路との一体利用という面から利便性が減少することも多く、減価を行う必要が生じてきます。

ここにいう水路とはいわゆる用排水路等を指し、〈資料3-25〉のようなイメージのものです。

〈資料3-25〉水路を介して道路に接する土地

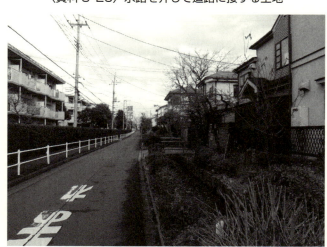

第3章　不動産価値の基本的な減価要因

　このような土地に対する減価率ですが、（その土地が接している水路の幅員の程度にもよりますが）▲5％から▲10％の範囲が一つの目安と考えられます。ただし、状況により、例えば次のような考え方で評価を行うことも合理的であると思われます。

○**減価率の査定例〜水路を介して正面路線に接する画地**

　水路を介して正面路線に接する画地で、当該水路の幅員が概ね2m以上ある場合は、補正率0.95を乗じて評価を行う（この場合の減価率は5％）。

　ただし、同様の土地が同一街路上多数見受けられる場合は、その街路に接する標準的な画地の価格を査定する際に考慮する（水路に接しない土地との格差を5％とする）。

　なお、水路に接するとはいっても、その水路が暗渠（あんきょ）（公図上では水路が存在するものの現況は通路等として利用されている状態にあるものを指します。〈資料3-26〉はその一例です）となっている場合、利便性に支障がなければ減価を行う必要はないと考えられます。

〈資料3-26〉公図上は水路であるが現況が暗渠となっている例

8 都市計画施設予定地の建築制限と減価が必要な場合

Q8 不動産の価値をとらえる上で、対象地が都市計画施設予定地であることによるリスクはどのように考えておけばよいでしょうか。

A 例えば、ある土地が市道に面しており、その幅員を拡幅することが都市計画で決定された結果、当該土地の一部が道路拡幅予定地に編入されたというケースをしばしば見かけます。そのイメージを〈資料3-27〉に示します（網掛け部分が道路拡幅予定地です）。

〈資料3-27〉都市計画施設予定地

第3章　不動産価値の基本的な減価要因

　このように都市計画施設の予定地に編入されることにより建築規制を受け、その結果、周辺に存する建物と同様の建物を建築することができず、土地利用に支障を生ずると認められる場合には減価が必要となります。

1．都市計画施設予定地と建築制限

　道路、公園、下水道のような施設を都市施設と呼び、これらに関し都市計画決定がなされたものを都市計画施設と呼んでいます。このような都市計画施設の予定地内で建築物の建築を行おうとする場合には、都市計画法による規制を受けることとなります。

　その際、許可を受けることのできる建築物についても同法第54条に規定されていて、2階建以下（地階を有しない）で、主要構造部も木造をはじめ容易に移転・除去が可能なものでなければ許可を受けることができない仕組みになっています。

2．減価の必要な場合

　このように都市計画施設の予定地に組み込まれることにより建築規制を受け、その結果、近隣地域における標準的使用の土地と比較し最有効使用に支障を生ずると認められる場合には、減価が必要となります。

　この作業を専門的に行う場合は別として、簡便的な減価率査定の方法の一例を〈資料3-28〉に示しておきます。

〈資料3-28〉都市計画施設予定地による減価率の簡易査定例

都市計画街路予定地積の総地積に対する割合	30％未満	30％以上60％未満	60％以上
補正率（減価率）	0.1	0.2	0.3

　なお、都市計画決定の段階から一歩進み、道路拡幅等の事業認可が行われた段階へと移行した場合には建物の建築は一層厳しくなりますが、その反面、道路用地の近隣における時価での買収が現実化してくるなど特に減価を織り

込む必要のないケースも生じ得ます。ただし、本項ではこのようなケースは除外してあります。

　最後に、都市計画施設の予定地とはいっても、その影響を土地価格に反映させるためには、事業計画がどの段階にあるのかを十分に確認しておく必要があります。それとともに、対象地にかかる利用制限の程度を調査し、周辺の建物と同程度のものが建築可能か否かも検討してみることが大きなポイントとなるといえます。

　金融機関の融資担当者にとっては、このような都市計画施設予定地の担保価値を査定する機会も少なからず生ずると思われます。その際には、本項で述べた考え方（近隣における標準的な利用方法に比べて、都市計画施設予定地に編入されたことによりどの程度の利用上の支障が生ずるか）により判断していただければ幸いです。

第3章　不動産価値の基本的な減価要因

9　セットバックの必要な土地の減価額

Q9　不動産の価値をとらえる上で、対象地にセットバックが必要であることによるリスクはどのように考えておけばよいでしょうか。

A　建築基準法によれば、都市計画区域および準都市計画区域内の建築物の敷地は道路に2m以上接しなければならず、この場合の道路とは幅員4m以上のものでなければならないとされています。

　また、上記の例外として、同法第3章の規定（都市計画区域等における建築物の敷地、構造、建築設備及び用途）が適用されるに至った際、現に建築物が建ち並んでいる幅員4m未満の道で特定行政庁の指定したものは、これも道路とみなされます。その際、道路中心線から水平距離で2m後退した線が道路の境界線とみなされる（同法第42条第2項）ことに留意が必要です。これがいわゆる「2項道路」の規定です。

　敷地の前面道路が上記の規定に該当する場合には、現に道路の形態のあるなしにかかわらず現状の敷地内に実質的に道路の一部が存在することになり、将来、建物を建て替える際には本来の道路境界線まで敷地を後退（セットバック）させる必要があります。

　このような場合、セットバックが必要となる面積分については、たとえ現状が建物の敷地であったとしても将来道路敷地として提供しなければならないため減価要因としてとらえます。

　その際、当該部分が実質的には道路の一部を構成するという認識のもとに、その部分の価値をゼロと査定することが多いといえます。これを〈資料3-29〉の図に当てはめた場合、セットバックを考慮する前の全体地の評価額を45,000,000円とすれば、セットバック部分の減価額は、

$$\frac{45,000,000 \text{円}}{300\text{m}^2} \times 4\text{m}^2 = 600,000 \text{円}$$

となり、減価割合は約 1.3%（= 600,000 円 ÷ 45,000,000 円）と査定されます。

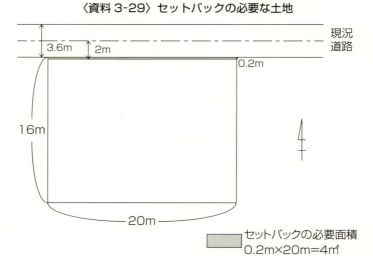

〈資料 3-29〉セットバックの必要な土地

第3章　不動産価値の基本的な減価要因

10 市街化調整区域における開発行為の規制と土地価格等

Q10　不動産の価値をとらえる上で、対象地が市街化調整区域内にある場合のリスクはどのように考えておけばよいでしょうか。

A　1．市街化調整区域とは

　市街化調整区域とは、都市計画の上で市街化を抑制すべき区域とされています。それは、市街化区域が既に市街地を形成している区域および概ね10年以内に優先的かつ計画的に市街化を図るべき区域とされているのと対照的です。そして、市街化区域と市街化調整区域との間には上記のとおり土地利用に係る制約に著しい相違があることから、価格水準にも相当の乖離がみられます（＝市街化区域内の土地に比べて価格水準が低い）のが通常です。

　対象地が市街化調整区域内にある場合、この点をリスクとしてとらえることが必要です。また、その状況により、担保の対象として不適格であることが多いと思われます。

2．市街化調整区域における開発行為の規制

　開発行為とは、主として建築物の建築または特定工作物の建設の用に供する目的で行う土地の区画形質の変更をいいますが、開発行為を行う際しては、原則として都道府県知事の許可が必要となります。

　ただ、市街化区域の場合、開発行為の対象面積が一定規模未満（後掲）であれば許可不要であるのに対し、市街化調整区域の場合には面積の大小にかかわりなく許可が必要とされている点で規制が厳しいといえます（ちなみに、市街化調整区域の場合、開発区域の対象面積が一定規模未満であれば許可不要という規定は一切存在しません。ただし、用途面で許可不要とされている例外的なケースはあります）。

97

このため、市街化調整区域内の土地については、市街化区域内の土地に比べて開発行為が大幅に制限され、このことが土地の価格水準にも反映されているのが通常です。

3．市街化調整区域で許可不要の開発行為
　既に述べたとおり、市街化調整区域では開発行為の規制が非常に厳しいものとなっていますが、開発行為が全く認められないというわけではありません。なかには許可不要の開発行為もあり、これに該当する場合には市街化調整区域といえども開発行為が可能となります。

　例えば、農業用施設や農家住宅の建築を目的とする開発行為等がこれに該当します（市街化調整区域内にこれらの建物が点在している光景を見かけるのはこのためです。）。

　ちなみに、都市計画法に規定されている「農業、林業若しくは漁業の用に供する政令で定める建築物」とは具体的には以下のようなものを指します（例示）。

① 畜舎、蚕室、温室、育種苗施設、家畜人工授精施設、孵卵育雛施設、搾乳施設、集乳施設その他これらに類する農産物、林産物又は水産物の生産又は集荷の用に供する建築物
② 堆肥舎、サイロ、種苗貯蔵施設、農機具等収納施設その他これらに類する農業、林業又は漁業の生産資材の貯蔵又は保管の用に供する建築物

　また、市街化調整区域においても駅舎、図書館、公民館等の公益施設の建築を目的とする開発行為については許可が不要とされています。

　なお、〈資料3-30〉は、原則的に建築物の建築できない市街化調整区域の一般的なイメージ写真です。

第3章　不動産価値の基本的な減価要因

〈資料3-30〉市街化調整区域内の土地

4．市街化調整区域における開発審査基準

　市街化調整区域内において許可が不要な開発行為については前項で述べましたが、都市計画法第34条では、この他に市街化調整区域内で開発許可の申請をした場合に、一定の要件を満たすことにより許可の得られる可能性のある開発行為について規定を設けています（いわゆる立地基準）。

○都市計画法（抄）
第34条　前条の規定にかかわらず、市街化調整区域に係る開発行為（主として第2種特定工作物の建設の用に供する目的で行う開発行為を除く。）については、当該申請に係る開発行為及びその申請の手続が同条に定める要件に該当するほか、当該申請に係る開発行為が次の各号のいずれかに該当すると認める場合でなければ、都道府県知事は、開発許可をしてはならない。
一　主として当該開発区域の周辺の地域において居住している者の利用に供する政令で定める公益上必要な建築物又はこれらの者の日常生活のため必要な物品の販売、加工若しくは修理その他の業務を営む店舗、事業場その他これらに類する建築物の建築の用に供する目的で行う開発行為
二　市街化調整区域内に存する鉱物資源、観光資源その他の資源の有効な

利用上必要な建築物又は第1種特定工作物の建築又は建設の用に供する目的で行う開発行為
三　（省略）
四　農業、林業若しくは漁業の用に供する建築物で第29条第1項第2号の政令で定める建築物以外のものの建築又は市街化調整区域内において生産される農産物、林産物若しくは水産物の処理、貯蔵若しくは加工に必要な建築物若しくは第1種特定工作物の建築若しくは建設の用に供する目的で行う開発行為
五～八　（省略）
九　前各号に規定する建築物又は第1種特定工作物のほか、市街化区域内において建築し、又は建設することが困難又は不適当なものとして政令で定める建築物又は第1種特定工作物の建築若又は建設の用に供する目的で行う開発行為
十　（省略）
十一　市街化区域に隣接し、又は近接し、かつ、自然的社会的諸条件から市街化区域と一体的な日常生活圏を構成していると認められる地域であっておおむね50以上の建築物（市街化区域内に存するものも含む。）が連たんしている地域のうち、政令で定める基準に従い、都道府県（省略）の条例で指定する土地の区域内において行う開発行為で、予定建築物等の用途が、開発区域及びその周辺の地域における環境の保全上支障があると認められる用途として都道府県の条例で定めるものに該当しないもの
十二　開発区域の周辺における市街化を促進するおそれがないと認められ、かつ、市街化区域内において行うことが困難又は著しく不適当と認められる開発行為として、政令で定める基準に従い、都道府県の条例で区域、目的又は予定建築物等の用途を限り定められたもの
十三　（省略）
十四　前各号に掲げるもののほか、都道府県知事が開発審査会の議を経て、開発区域の周辺における市街化を促進するおそれがなく、かつ、市街化区域内において行うことが困難又は著しく不適当と認める開発行為

ここで、法令解釈上特に留意すべき点をあげれば次のとおりです。

第3章　不動産価値の基本的な減価要因

○第1号との関連

　ここで開発許可の対象となり得る用途は、公共公益施設（学校教育法による学校、専修学校等、社会福祉施設、医療施設）、小規模店舗等（開発区域周辺の市街化調整区域に居住する者を主たる対象とした日用品販売店、自動車修理工場他）です。

○第9号との関連

　本号の対象となる施設としては、道路管理施設、休憩所（ドライブイン）、給油所（ガソリンスタンド）、火薬類の製造所があります。

○第11号との関連

　平成12年以前に存在した既存宅地の制度（線引きの時点で既に宅地となっていた土地であれば、許可を要せず建築物の建築が可能とされたもの）が廃止されたことに伴って新設された制度です。

○第12号との関連

　第12号は、いわゆる条例指定区域のことを指しています。市街化調整区域において、区域や用途を条例で定めることにより、一定の区域に住宅等の立地を許可できることとされています（この条例を活用し、市町村の申出に基づき、都道府県知事が区域を指定することにより、指定区域内においては、市街化調整区域で立地可能な建築物に加え、一般住宅（集合住宅を含む）の建築も可能となっています）。

　参考までに、〈資料3-31〉に条例指定区域のイメージ図を示します。

○第14号との関連（注7）

　第14号では、開発審査会の議を経て許可する開発行為として、開発区域の周辺における市街化を促進するおそれがなく、かつ、市街化区域内において行うことが困難または著しく不適当と認める開発行為をあげています。

　ここで、「開発区域の周辺における市街化を促進するおそれ」とは、開発行為が行われて、予定されている建築物等が立地することにより、開発区域の周辺に、その建築物等に関連する建築物が誘発されて建ち並ぶことをいうのではなく、道路や排水施設などの公共施設が整備されないままに、農地や

〈資料3-31〉条例指定区域のイメージ図

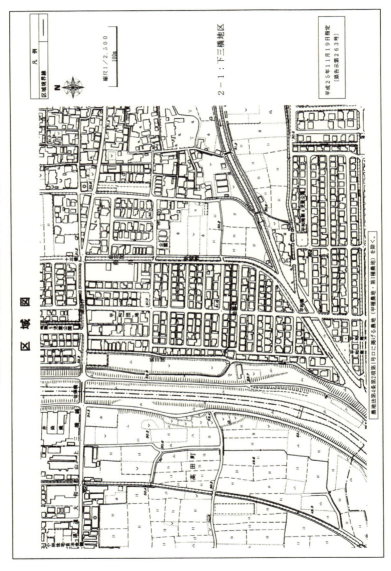

(出所) 奈良県大和郡山市のホームページによります。ただし、本文の説明とは直接の関係はありません。

第3章　不動産価値の基本的な減価要因

山林などが無秩序に宅地化し、建築物等が立地されることにより、開発区域の周辺に新たな公共施設を整備する必要が生じる事態を指しています。したがって、このようなおそれがあると認められる開発行為については許可の対象から除外されています。

ここで「市街化区域内において行うことが困難又は著しく不適当と認める開発行為」とは、その開発行為を市街化調整区域内で行う場合と、市街化区域内で行う場合とで比較して、市街化区域内において行うことが困難または著しく不適当と認められる開発行為をいいます。

さらに、「市街化区域内において行うことが困難」とは、市街化区域内において行うことが法令または物理的状況など事実上不可能に近い状態である一方、市街化調整区域内において行うことが可能である場合をいい、「市街化区域内において行うことが著しく不適当」とは、立地規制により市街化区域内において行わせることが著しく不適当であるために、市街化調整区域内で行うことを認めるべきである場合をいいます。

　　（注7）埼玉県越谷市役所ホームページ掲載資料「市街化調整区域の立地基準（法第34条）法第34条第14号又は政令第36条第1項第3号ホの規定に基づく審査基準」p.140～141によります。

5．市街化調整区域における建築等の審査基準

上記1．で述べた内容は市街化調整区域における開発行為の審査基準でしたが、都市計画法第43条では、開発許可を受けた土地以外の土地における建築等の制限についての規定を置いています。すなわち、この規定は、市街化調整区域が市街化を抑制すべき区域であるため、同区域内において土地の区画形質の変更を伴わない建築行為についても制限しようというものです。また、これを受け、同法施行令第36条では、開発行為の許可を受けた土地以外の土地における建築等の許可の基準についての規定を置いています。

各市町村ではこれに基づき具体的な審査基準（一括審査基準または一括議決基準等）を設けていることが多いといえますが、例えば、以下のようなケ

ースについては開発許可の対象とされることが多くあります（ただし、各市町村ごとに事情が異なると思われるため、調査に際しては対象不動産の所在する市町村で十分に確認を行う必要があります）。

- 線引き日以前所有地における自己用住宅（既存の集落において、自己用の住宅を建築すること）
- 市街化調整区域に長期居住する者の親族のための自己用住宅
- 市街化調整区域に線引き日以前から居住する者の親族のための自己用住宅
- 市街化調整区域に長期居住する者の自己業務用建築物

6．市街化調整区域内の土地価格の多様性

市街化調整区域内の土地の価格調査にあたっては、市街化調整区域の有するさまざまなリスクを踏まえた上で、価格水準が多様である点に留意する必要があります。以下、この点を中心に述べておきます。

市街化調整区域内の土地は、市街化区域内の土地に比べ価格水準の把握が容易でないのが通常です。その理由は、市街化調整区域内における土地の取引が少なく、参考になる取引事例を収集するのが容易でないためです。

ただし、なかには市街化調整区域でありながら大規模な住宅団地が造成されていて、それが一つの街並みを形成しているところもあります（改正前の都市計画法第34条第10号イの規定に基づき開発された区域であり、開発区域の面積が20ha以上のものを対象としています。現在、この規定は廃止されています）。このような地域では、住宅地としての価格水準は市街化区域とあまり差のないレベルに形成されており、取引もある程度行われていることから、価格水準は比較的把握しやすいと考えられます。

市街化調整区域では市街化を抑制するという目的から開発が厳しく規制されているため、取引が行われる動機は限定されています。また、市街化調整区域での取引状況が把握できたとしても、それぞれの現況が農地・山林等である場合、雑種地の場合、宅地（あるいはこれに近い状態のもの）の場合で

は価格水準は大幅に異なっているのが実情です。

　さらに、市街化調整区域において現に建物の敷地に供されている土地であっても、㈠土地上の建物が開発許可を得て建築されたものであるか、㈡開発許可は得ていないが、既存宅地の確認（改正前の都市計画法によって認められていた制度であるが現在廃止されていることは既に述べたとおりです）を受けて建築されたものであるか、㈢上記のどちらにもよらず違法に建築されたものであるのか、により価格水準に大きな影響を与えることとなります。

　それだけでなく、現況が更地でしかも宅地並みの状況にある土地であっても、従来建物が存していた土地（ただし、違法建築は除く）と全く存していなかった土地とでは、将来における開発許可取得の可能性に著しい相違が生ずることも考えられます。

　金融機関の融資担当者にとっては、市街化調整区域の土地は担保の対象として受け入れ難いという印象が強いのではないでしょうか。確かに、市街化調整区域といえば建築物の建築が認められない土地という強烈な印象が強いことは事実ですし、原則的な法規定からいっても建築物の建築は著しく制限されています。ただ、なかには本文で説明したように市街化区域内の土地利用に近いケースがあることも念頭に入れておく必要があると思います。

第4章

不動産価値の特殊な減価要因

1　汚染物質の存在と土壌の調査

Q1　不動産の価値をとらえる上で、汚染物質の存在によるリスクはどのように考えておけばよいでしょうか。

A　**1．土壌汚染対策法との関連**

　評価の対象となる土地（特に工業地）のなかには土壌汚染対策法と密接な関わりを有するものも含まれます。もちろん、工業地として使用されている（あるいは使用されてきた）土地であるからといってすべてのケースで汚染物質が含まれているわけではありませんが、他の用途（住宅地、商業地）と比較すれば汚染の可能性が高いことを認識しておく必要があります。

　ところで、改正前の土壌汚染対策法（平成15年2月15日施行）は、特定有害物質による土壌の汚染状況の把握に関する措置およびその汚染による人への健康被害の防止に関する措置を定めること等により、土壌汚染対策の実施を図ることを目的に制定された経緯があります。そして、同法の特徴は、有害物質使用特定施設の使用が廃止された工場または事業場の敷地あるいは汚染の可能性が高い土地について、調査の結果、汚染状態が一定の基準に適合しないと認められた場合、その区域を都道府県知事が「指定区域」として指定することとし、その旨の公示その他一定の措置を講ずることとしている点にありました。

　法施行後、相応の対策がとられ一定の効果が実現してきましたが、いくつかの問題点も顕在化してきました。それは、①同法によらない自主的な調査による土壌汚染の発見が増加する一方で、発見された汚染土壌についての管理の適正化への国民の不安が高まっていること、②各種の対策のうち掘削除去の比率が高く、土地所有者の過剰な負担となっているとともに環境リスク低減の観点からも問題のある掘削除去が増加していること、③汚染土壌の不

適正な処理事案がかなり見られ、汚染が拡散している事態が生じていること等の点にみられました（注1）。

(注1)（財）不動産流通近代化センター「不動産従業者のための法令改正と実務上のポイント」平成22年3月

このような状況の改善を目的として中央環境審議会会長から環境大臣への答申「今後の土壌汚染対策の在り方について」（平成20年12月）が発出され、この答申に基づき平成22年4月1日より改正法が施行された経緯があります（以下、本項で単に「法」と呼ぶ場合には改正法を指します）。以下、法のポイントを土壌汚染の調査という視点から整理してみます（注2）

【土壌汚染対策法のポイント】
(1) 土壌汚染の状況把握のための制度の拡充
① 土地の形質変更行為の届出
面積が一定規模以上の土地の掘削その他の土地の形質変更行為を行おうとする者は、その行為に着手する日の30日前までに、当該土地の形質の変更の場所及び着手予定日その他の一定の事項を都道府県知事に届け出なければなりません（第4条第1項）。（一定規模以上とは、環境省令により、3,000m^2以上とされています。）
② 土壌汚染調査命令
都道府県知事は、土地の形質の変更の届出を受けた場合に、当該土地が土壌汚染のおそれがあると認めるときは、当該土地の所有者等に対し、土壌汚染状況の調査とその結果の報告を命ずることができます（第4条第2項）。
③ 自主的調査に基づく区域の指定の申請
土地の所有者等は、法の規定によらない土壌汚染の状況を調査（いわゆる自主的調査）した結果、土壌の汚染状態が基準に適合しないと判断するときは、都道府県知事に対し、当該土地の区域について、次の(2)記載の「要措置区域」又は「形質変更時要届出区域」の指定をすることを

> 申請することができます（第14条第1項）。

（注2）前掲書（注1）

　ここで法の特徴として指摘し得る点は、自主的調査の結果、土壌の汚染状態が基準に適合しないと判断するときは、都道府県知事に対し、「要措置区域」または「形質変更時要届出区域」の指定を申請することができるとしている点です。なお、法において「要措置区域」、「形質変更時要届出区域」とは次の内容を意味しています。

　ア　要措置区域

次のa、bのいずれにも該当する土地は要措置区域として指定されます。

　　a　土壌汚染調査の結果、当該土地の土壌の特定有害物質による汚染状態が環境省令で定める基準に適合しないこと。
　　b　土壌の特定有害物質による汚染により、人の健康に係る被害が生じ、または生ずるおそれがあるものとして政令で定める基準に該当すること。

　　　この区域に指定された場合、汚染の除去、汚染の拡散の防止その他の措置を講ずることが必要とされます。

　　　なお、要措置区域内においては、土地の形質変更が禁止されます。また、都道府県知事は、要措置区域内の土地の所有者等または当該土地の土壌汚染を生じさせる行為をした者に対し、当該要措置区域内において講ずべき汚染の除去等の措置を示して、相当の期限を定めて、当該要措置区域内において汚染の除去等の措置を講ずべきことを指示することができます。

　イ　形質変更時要届出区域

対象地が上記アのaに該当するが、bに該当しない場合、形質変更時要届出区域に指定されます。この区域に指定された場合、当該土地の形質の変更をしようとするときには、これに着手する日の14日前までに都道府県知事に届出をしなければなりません。

さらに、土壌汚染対策法が不動産取引の実務に密接に結びついていることを反映し、
 a 要措置区域内における土地の形質変更の禁止
 b 形質変更時要届出区域内における土地の形質変更の事前届出
に関しては、宅地建物取引業法第35条第1項第2号、同法施行令第3条に基づく重要事項説明項目ともされています（この他に、形質変更時要届出区域内における非常災害のための応急措置としての土地の形質変更の事後届出についても重要事項説明の対象とされていますが、これについては省略します）。

 土地の調査に当たっては、汚染状況の調査に際し、都道府県の環境担当部署に備え付けられている台帳で、対象地が要措置区域または形質変更時要届出区域に指定されているか否かの確認を行う必要があります。

2．土壌の調査

 土壌汚染によるリスクは、汚染物質の調査責任や浄化責任、賠償責任等の法的責任の発生をはじめ、資産価値の低下、融資上の障害等を引き起こしています。このため、特に、マンションや戸建住宅の建設を目的として大規模な土地（特に工場跡地）を取引する際に、土壌汚染対策法の規制とは別に所有者が任意に調査をするケースが増加しています（土壌汚染対策法上の責任は負わない場合でも、当事者間で民法上の瑕疵担保責任の問題に発展するのを防止する趣旨です）。

 加えて、不動産の証券化やM＆A（企業買収）に先立ち、法的な規制とは別にデューデリジェンス（詳細調査）の一環として有害物質に係る土壌汚染関連調査の必要性が指摘されるケースも多くなってきました（取引に係るトラブルを防止するため、過去における汚染物質の使用履歴を精査することが目的です）。

 このような背景もあり、土地の調査および評価に際しては土壌汚染の有無およびその状態に留意すべきことは改めて述べるまでもありません。

最近になり土壌汚染をめぐる裁判例に接する機会も生じてきましたが、これらの多くは土壌汚染対策法の適用対象外の土地について汚染物質の存在に関する瑕疵担保責任が争われたケースです（このため、土壌汚染地の評価が現実に問題となるケースは、むしろ法が直接的に適用されないものが圧倒的に多いのではないかと推察されます）。

　このようなことを鑑みれば、特に土地の取引や評価の際に、法の適用対象とならない土地に関し、土壌汚染の可能性の有無やそのおそれがある場合の詳細調査をどこまで行うべきかという問題が生じます。すなわち、任意の土壌調査が必要となるということです。

　任意の土壌調査は、入り口段階で簡易診断（いわゆる「フェーズⅠ」と呼ばれる調査）が行われ、その結果、さらに進んだ調査が必要と判断された場合には「フェーズⅡ」と呼ばれる本格的な調査が行われます。以下、その概要を述べておきます。

(1) **簡易診断（「フェーズⅠ」）について**

　この段階では、実際に現地の土壌を掘削するなどして汚染状況を調査することはせず、あくまでも資料等による調査（地図、登記簿、汚染情報、所有者への使用履歴のヒアリング等）が対象となります。

　① 登記簿（閉鎖登記簿を含む）の調査

　　土地建物の登記簿の記載内容を過去に遡って調査し、地目、建物の用途、所有者の属性（個人か企業か、企業の場合は記載内容から推測される業種）等から、汚染物質を使用していた可能性がある（高い）か否かを机上で推測します。

　　その結果、所有者が個人で先祖代々住宅として使用してきた場合や建物の建築された経緯が見当たらない場合、田や畑として使用されてきた場合等のほか、汚染物質の利用とは無関係と考えられる用途で使用されてきた場合には、一応汚染の可能性はないと推定してよいと思われます。しかし、このような事実だけをもって汚染がないとは断定し切れないことに留意する必要があります。

第4章　不動産価値の特殊な減価要因

　筆者の経験によりますと、従来から共同住宅の敷地として使用されてきた土地につき（周辺の利用状況も戸建住宅がほとんどの地域です）、売却のため念のため汚染物質の調査を行ったところ、フェーズⅠの結果は何ら問題がなかったところ、次項に述べるフェーズⅡ（ボーリング調査等）で汚染物質が発見されたというケースがありました。その原因は、宅地造成の際、他の場所から運んできて盛土をしたことにありました。このような土地は価値が減少するだけでなく、現状のままでは売却が困難であり、浄化措置を施さなければ通常の土地として市場に供給することができないといえます。

　さらに留意すべき点は、建物の場合、汚染物質に関係のある未登記建物が存在する可能性も残されているということです（未登記建物の場合、登記簿そのものを調査することができず、過去の用途や所有者等を調査するに不十分な点があります）。また、過去に建物が存在したものの、これが撤去され滅失登記が行われているケースもあります。このため、建物の閉鎖登記簿を遡って過去の経緯を調査しなければ状況を把握できないことも多いといえます。

② 地図や空中写真等の調査

　現在の住宅地図はもちろんのこと、古い住宅地図や空中写真の収集が可能であれば、これが過去の利用状況を把握する有力な資料となります。これらを調査するには市町村の図書館や史料館等の活用が考えられますが、資料の保管状況により調査に限界があることも考えられます。

　また、過去に産業廃棄物処分場として使用されていたか否かは、空中写真による方法でも判読が難しいといわれています。従前は谷部にあり、その後盛土して造成した場所はゴミ捨て場であった可能性があり、専門家においても調査に一層の留意が必要な土地であると受け止められています。

③ 所有者への使用履歴のヒアリング

　例えば、対象物件が工場の場合、関係者から工場の歴史、生産工程、化学物質の保管状況や使用状況のヒアリングや現地踏査が実施されます（た

だし、過去に遡るとはいっても、関係者の退職等により一定の限界があることも事実です)。

その際のヒアリング上のポイントとしては、工場内の生産ラインとその内容、生産ラインの過程で使用されている(あるいは過去に使用されていた)化学物質の種類と量、化学物質の使用にかかる日常管理の状況および廃棄の方法等が中心となります。

(2) 土壌・地下水環境調査(「フェーズⅡ」)について

以下、フェーズⅡと呼ばれる土壌・地下水環境調査(実際に表土調査、土壌ガス調査、ボーリング調査、地下水の調査分析等を実施することを目的とします)の概要を掲げます。

この調査は、対象地の地盤における土壌・地下水汚染の有無および存在の程度を定量的に把握することが目的ですが、具体的には概況調査と詳細調査の2つに分かれます。

① 概況調査

概況調査は、敷地内にどのような汚染物質が存在するのかを、平面的な分布を把握しながら特定するものです。その手段として、土壌の採取(土壌に穴を開けて採取する)を行い室内分析試験に持ち込んだり、現地で土壌ガスを検出するための調査が行われます。

調査対象物質の例としては、第一種特定有害物質(揮発性有機化合物)、第二種特定有害物質(重金属類)、第三種特定有害物質(PCBおよび農薬類)があげられます。そして、第一種特定有害物質については土壌ガス中の濃度、第二種特定有害物質については土壌溶出量、含有量、第三種特定有害物質については土壌溶出量をそれぞれ調査することとなります。

② 詳細調査

詳細調査は、概況調査で汚染の事実が確認された場合、汚染の広がっている部分の深度や方向を調査することを目的とします。すなわち、垂直的な汚染分布の把握がその中心であり、通常行われるボーリング調査がこれに該当します。

第4章　不動産価値の特殊な減価要因

　ボーリング調査は、通常やぐらを組んで行われますが、調査機関により土壌環境分析車と呼ばれる車を使用し、その後部にボーリングマシンを搭載して行う方法も採用されています。

　なお、参考までに、上記調査の結果、汚染が判明した場合の対策計画図のイメージ図を〈資料4-1〉に掲げます。ここで、●印は地下水調査および地下水モニタリング（汚染状況を継続的に監視する調査）のために設置する井戸の位置を示しています。

〈資料4-1〉汚染対策のための観測井戸の位置図

● 設置する井戸

2 埋蔵文化財包蔵地に対する規制と減価要因

Q2 不動産の価値をとらえる上で、埋蔵文化財の存在によるリスクはどのように考えておけばよいでしょうか。

A 現在、土壌汚染地をめぐる問題とともに、埋蔵文化財包蔵地に関しても取引上の問題が多く発生していますが、その存在が土地価格に及ぼす影響には大きなものがあります。したがって、埋蔵文化財が地中に存在する土地についても、これをリスク要因としてとらえる必要があります。

以下、具体的な事例を交えながら検討してみます。

1．埋蔵文化財包蔵地とは

文化財保護法では遺跡の存在している場所を周知の埋蔵文化財包蔵地と呼び、その保護や保存を行うとともに、土地の開発事業との調整を図っています。

そこで、埋蔵文化財ということばの意味ですが、通常では人目に触れない状態で地中等に存在しているものを指し、日常「遺跡」と呼んでいるものがこれに該当します（その意味で、埋蔵文化財包蔵地として知られる場所は、しばしば「周知の遺跡」とも呼ばれています）。

ちなみに、土地の価値との関連で最も重要と考えられるのは遺構（住居跡、貝塚、古墳、城郭跡等）です。

〈資料4-2〉に埋蔵文化財包蔵地の分布図のイメージを示します。

第4章　不動産価値の特殊な減価要因

〈資料4-2〉埋蔵文化財包蔵地の分布図（イメージ）

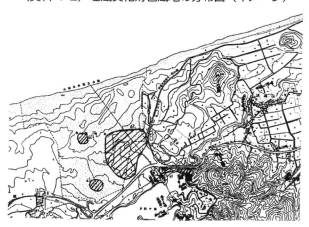

（注）黒丸は古墳、斜線部分は埋蔵文化財包蔵地を示します。
（出所）山陰地方のＡ市のホームページ

2．埋蔵文化財包蔵地に対する規制

　埋蔵文化財は、地域の歴史や文化を理解する上で欠かすことのできない重要な財産です。そのため、文化財保護法では、埋蔵文化財包蔵地内で土木工事等を行う場合、これに着手しようとする日の60日前までに文化庁長官に発掘届を提出しなければならない旨規定しています。

　また、土地の所有者等が出土品の出土等により貝塚、住居跡、古墳その他遺跡と認められるものを発見したときは、現状を変更することなくその旨を文化庁長官に届け出る必要があります。そして、その場合の発掘調査費用は原則として土地所有者が負担することとなります（注3）。

　　（注3）発掘調査費用を誰が負担するかにつき文化財保護法では規定を置いていませんが、筆者の調査による限りほとんどの市町村で土地所有者（開発事業者）の負担としているようです。

　対象地が埋蔵文化財包蔵地に指定されている場合には上記のような制限を考慮する必要があるため、土地の評価に当たり埋蔵文化財の調査が重要とな

117

ってきます(調査窓口は各市町村の教育委員会であり、生涯学習課あるいは文化財課等の名称を付した担当窓口で対応していることが多いといえます)。

仮に対象地が周知の埋蔵文化財包蔵地内に指定されており、土地所有者(開発事業者)から発掘届が提出された場合には試掘や確認調査等が実施されますが、その結果、地中に遺構や遺物ありと判定されれば、教育委員会との間で埋蔵文化財の保存についての協議が行われます。そして、土木工事等による影響が埋蔵文化財に及ばない(すなわち現状保存が可能である)と判断された場合は協議が終了しますが、その影響が埋蔵文化財に及ぶ(すなわち現状保存が不可能であると)判断されれば本格的な発掘調査が実施されます(その後、記録保存の手続を経て埋蔵文化財に関する協議が終了します)。

ちなみに、〈資料4-3〉は埋蔵文化財包蔵地指定の有無に関する教育委員会への照会から試掘調査(発掘調査)までの流れ(一例)を示したものです。

また、文化財保護法の関連個所を以下に掲げておきます。

〈資料4-3〉埋蔵文化財包蔵地に関するフローチャート

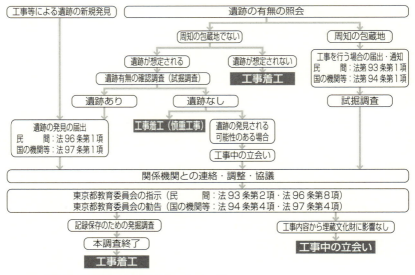

(出所)東京都千代田区のホームページ

3．埋蔵文化財包蔵地と発掘調査費用

　対象地が周知の埋蔵文化財包蔵地に指定されており、しかも、開発の際に発掘調査が必要と判断された場合には、土地所有者に多額の発掘調査費用が生ずることが予想されます。

　対象地がこのような規制を受けない土地であれば、対象地の形状、道路付け等の状況を反映させて算定した金額が土地の価値となります。しかし、対象地が周知の埋蔵文化財包蔵地に指定されており、しかも土地利用に際し多額の発掘調査費用が見込まれる場合、このような事情をどの程度土地の評価額に反映（減額）させるか、すなわちリスク要因として織り込むべきか問題となります。そして、このような考え方は鑑定評価においても適用されています。

4．参考〜売買の目的土地に発掘を要する文化財が埋蔵されていた場合の売主の担保責任について

　売買の目的土地に対する行政上の用途制限や負担がある場合、その土地に隠れた瑕疵があるとして売主の担保責任を認めた次の例があります（東京地裁昭和57年1月21日判決、判例時報第1061号55頁）。

---

(1) 事案

　Xは、Yからビル建設用地として甲市に所在する土地（本件土地）を買受けたところ、一部に埋蔵文化財が包蔵されており、甲市の当時の指導要綱によってXの費用負担で発掘の義務が生じたものです。このため、XはYに対し、発掘費用相当額の損害賠償を求めるに至りました。

(2) 裁判所の判断とその考え方

　この事案に対し、裁判所は、Xにとり発掘調査費用の支出を必要とする文化財が本件土地の一部に埋蔵されていたことをもって、本件土地に隠れた瑕疵があったと認めました。その考え方を要約すれば以下のとおりです。

○本件土地を含む甲市一帯はかつての武蔵の国に属し、遺跡、遺構が多いところから、東京都および甲市の各教育委員会において昭和49年7月頃から継続して遺跡の分布調査をした結果、本件土地一帯にも文化財が埋蔵されて

○ いる可能性が大きいとみられること。
○ ところが、売買当時、Xはもとよりyも本件土地が埋蔵文化財包蔵地であることを知らなかったこと。
○ 文化財保護法は、土木工事その他の目的で周知の埋蔵文化財包蔵地を発掘しようとするときは、着手前に文化庁長官に届け出なければならず、当該届出があった場合、文化庁長官は必要な指示をすることができること。また、土地の所有者等から遺跡発見の届出がされたときは、文化庁長官は現状変更行為禁止または停止の命令を出すことができること。そして、甲市においてはこれらの場合、開発行為者は市と協議するよう指導要綱において定め、その発掘費用を原則として開発行為者に負担させていること（現に、Xが昭和52年秋、本件土地にビルを建築しようとして市に赴いて相談したところ、発掘して文化庁の許可を受けないと建築許可が下りない旨の指導を受けたこと）。

上記のことを併せ考えると、本件発掘費用は事実上Xにおいて負担しなければならないものと解されること。よって、本件埋蔵文化財の存在は瑕疵に当たる。

3 地下埋設物（基礎杭、産業廃棄物等）の存在による瑕疵担保責任と評価上のポイント

Q3 不動産の価値をとらえる上で、地下埋設物の存在によるリスクはどのように考えておけばよいでしょうか。

A 不動産取引では売主の瑕疵担保責任という用語がしばしば登場してきます。この考え方を民法の条文を借用して表現すれば次のとおりです。

> ○民法
> （売主の瑕疵担保責任）
> 第570条　売買の目的物に隠れた瑕疵があったときは、第566条の規定を準用する。ただし、強制競売の場合は、この限りでない。
> 　　（地上権等がある場合等における売主の担保責任）
> 第566条　売買の目的物が地上権、永小作権、地役権、留置権又は質権の目的である場合において、買主がこれを知らず、かつ、そのために契約をした目的を達することができないときは、買主は、契約の解除をすることができる。この場合において、契約の解除をすることができないときは、損害賠償の請求のみをすることができる。
> 2　（省略）
> 3　前二項の場合において、契約の解除又は損害賠償の請求は、買主が事実を知った時から一年以内にしなければならない。

このように、物の瑕疵に対する売主の担保責任を瑕疵担保責任と呼んでいますが、その意味は、売買の目的物に隠れた欠陥があった場合や当事者の予定していた品質を備えていなかったという場合、売主に過失（不注意）がなくても負わなければならない責任であると理解されています。

また、このような場合、特約のない限り、買主は瑕疵を発見してから1年以内に限り、契約の目的を達成できないときは契約の解除を、そうでないときは損害賠償のみを請求できるとされています。

そこで、しばしば問題とされるのが、例えば土地の売買契約で地中におけるレンガやコンクリート等の埋設物の存在が引渡し後に判明した場合に、これらが隠れたる瑕疵に当たるのかどうかという点です。また、引渡し後におけるこれらの紛争を避けるために、売主は瑕疵担保責任を一切負わないという特約（いわゆる瑕疵担保免責の特約）を付して売買契約を締結するケースも多くなっています。しかし、いざ紛争（裁判）となった場合、このような特約が裁判所によりすべてのケースで認められているかどうかという点にも留意が必要です。

すなわち、売主の瑕疵担保責任が認められた場合、それが契約解除には至らなくても、本来建築を予定している建物の建築を可能とするための廃棄物の処理費用を売主が負担（損害賠償）することによって解決を図っているケースが多くなっています。

このような場合、対象地について廃棄物が存在しているために建物の新築や増改築に重大な支障を及ぼすことによる土地価格の低下が避けられず、その除去費用相当額につき減価を織り込む必要が生じます（そのイメージを〈資料4-4〉に示します）。

〈資料4-4〉

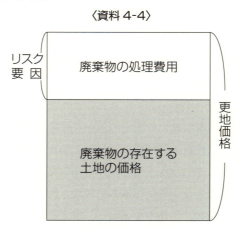

第4章　不動産価値の特殊な減価要因

　それでは、実際にどのようなケースにつき、地中に廃棄物等が存在することによりこれが隠れたる瑕疵と認定され、売主の瑕疵担保責任が認められているのでしょうか。判例を基に、これらを具体的に調査しておくことにより、土地価格の減価要因を定量的に把握する上で役立つことと思われます。

　〈資料4-5〉は、地中に存在する廃棄物が隠れたる瑕疵に認定されたケースにつき筆者が調査した結果を一覧表に整理したものです（ここに記載したものは例示であり、実際にはこれ以外のケースも数多いと考えられます）。

〈資料4-5〉地中に存在する廃棄物が隠れたる瑕疵とされたケース

No.	趣　旨	判　決	出　典	特　徴
1	マンション用地として土地の売買契約が締結されたが、地中に埋設基礎等の障害物が存在し、これが隠れた瑕疵として売主に対し障害物の撤去費用相当額の請求が認められた事例	東京地裁平成10年11月26日判決	判例時報第1682号	買主がマンションの建築を目的として約2,800万円で購入した土地の地中に杭や地中埋設基礎が見つかったことから、これが隠れた瑕疵に当たるとして、売主に対し撤去費用相当額の請求が認められたものです（裁判所は買主が被った損害の額を3,090万円と認定しています）。
2	隣人と共有共用の配水管および浄化槽が地中に埋設されていた土地の売買において売主の瑕疵担保責任が認められた事例	東京地裁平成16年10月28日判決	判例時報第1897号	買主が分譲目的で土地建物を7,200万円で購入したところ、土地の中央部を横切る形で隣地所有者と共有共用の生活配水管が埋設され、かつ、隣地にまたがる形で浄化槽が埋まっていることが判明しました。これについて、裁判所は売主の瑕疵担保責任を認め、約50万円の損害賠償請求を認めました。

3	住宅用地として土地の売買契約が締結されたが、地中にガソリンスタンドの埋設基礎等の障害物が存在し、土地に隠れた瑕疵が認められた事例	札幌地裁平成17年4月22日判決	判例タイムズ第1203号	買主が住宅用地を約8,500万円で購入し、これをA社に転売しようとしたところ、地中からガソリンスタンドの地中基礎部分等に使用されたコンクリート構造物、コンクリート塊が多数発見され、売主に対し撤去費用相当額として約180万円の減価を認めたものです。
4	市から購入した土地に陶器の破片、クズが埋められていることは、土地売買の目的物の隠れた瑕疵に当たるとし、買主の市に対する損害賠償請求が認められた事例	名古屋地裁平成17年8月26日判決	判例時報第1928号	買主が歯科医院の建築を目的として約8,000万円で購入した土地の地中に、陶磁器くず、コンクリート塊、製陶窯の一部等が埋没されていることが判明し、売主に対し廃棄物処理費用として約650万円の損害賠償請求が認められました。
5	産業廃棄物の埋設された土地の売買契約において、売主の買主(不動産業者)に対する説明義務違反が認められた事例	大阪高裁平成25年7月12日判決	判例時報第2200号	Y市(売主)が買主に売却した土地の地中に産業廃棄物、鉛汚染があることが後日判明し、売主に対し不法行為責任として約2億円の損害賠償請求が認められました。

【金融機関の担当者の皆様へ】

　対象地の地中に産業廃棄物や他人所有の排水管が埋設されており、そのために、その土地に最もふさわしい建物が建築できないという場合、土地価格を低下させる重要な要因となります。しかし、実際にこれらの有無を外観から推し測るのは難しいのが実情です(専門業者にボーリング調査等の依頼をし、その結果判明することが多いといえます)。

　このため、評価上は、これらが存在しないものとしての価格(更地価格)

を求め、ボーリング調査の結果、地中埋設物の存在が判明した場合には、上記価格から撤去費用を控除して売買金額を精算する方法が一般的となっているようです。

対象地に地中埋設物の存在可能性が予見される場合、担保評価上、リスク要因として一定の減価割合を織り込んでおくことが安全と考えられます。

なお、参考までに、自己が所有している土地の地中に他人所有の排水管が存在（越境）している場合のイメージを〈資料4-6〉に示します。このようなケースは少なからず見受けられることです。

〈資料4-6〉

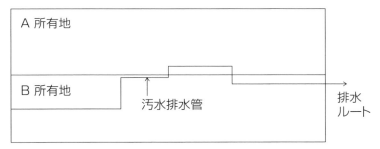

（注）Bの所有する汚水排水管がA所有地内に越境しているケースを示します。

4 アスベスト使用建物の価値判断と調査の具体例

Q4 不動産の価値をとらえる上で、アスベストの使用されている建物のリスクはどのように考えておけばよいでしょうか。

A アスベスト（石綿）は、天然産の繊維状の鉱物で、断熱性が高い、金属よりも軽い、耐酸性・耐アルカリ性が強く薬品にも強いことをはじめ、さまざまな点で長所を有しています。このため、極めて多様な用途に使用されてきましたが、その9割以上は建築製品に使用されているともいわれます（特に吹付けアスベストや成形板等が代表的なものとしてあげられます）。

これまで累計で1千万トン程度ものアスベストが輸入されてきましたが、人体に有害であることが徐々に明らかとなり、平成16年には代替困難な一部のシール材等を除き原則として製造が禁止されています。

また、吹付けアスベストはビルの断熱材・耐熱材として昭和50年前半まで使用されていたようですが、これについては同年以後使用されていません。

その理由ですが、アスベストが浮遊しやすく、人体に吸入されやすいという特徴を有しているため、飛散したアスベストが吸入されると肺に残り、健康被害の原因となった事象が相次いだからです。

アスベストは建築物のなかでも、壁、屋根、外装、内装の素材として利用されていました。また、住宅や倉庫では、軒裏、外壁、屋根等にセメント板が使用され、ビルでは空調機械室等の天井、壁に吹付け材が使用されていることが判明しています（注4）。

（注4）東京都環境局ホームページ

そこで、建物の価値との関連ですが、建物の調査に当たっては次の2段階を踏んで判断することになります。

① 対象建物の素材がアスベストを含んでいるか否か（建築計画概要書等

第4章 不動産価値の特殊な減価要因

に記載されている内容からある程度の判断がつきます。ただ、この場合でも建物の実査が不可欠です）
② アスベストを含んでいなければ問題はありませんが、これが含まれている場合でも、建物の継続利用が合理的（＝建物の残存耐用年数等からみて撤去前提で考えることは現実的でない）と考えられる場合は、特段の減価は必要ないと思われます。すなわち、アスベストの特徴（大気中に飛散することにより人体が吸い込む可能性がある）を踏まえた場合、対象建物の撤去を前提としなければ飛散による影響を考慮する必要はないという考え方に基づきます。

なお、参考までに、〈資料4-7〉および〈資料4-8〉にアスベスト調査報告書の例を掲げておきます。

ちなみに、〈資料4-7〉ではアスベストの存在はみられず、〈資料4-8〉ではアスベストが存在することが判明しています。

〈資料4-7〉アスベスト調査とその具体例①

平成○○年○○月○○日

○○○○建物アスベスト調査報告書（抄）

1．件名
　　○○○○建物アスベスト調査
2．調査場所
　　○○県○○市○○町○丁目○番○号
　　事務所および倉庫
3．調査日
　(1) 事前調査
　　　平成○○年○○月○○日
　　　現地建物の材料等の確認
　(2) アスベスト分析試料採取
　　　平成○○年○○月○○日
4．事前調査概要
　　当該敷地の建物の将来における解体を検討するに当たり、建物の解体に伴う建

材中のアスベスト含有製品、吹き付け材の有無、建材の種類を目視、図面により確認することを目的とします。
5．事前調査結果
　事前調査による結果を以下の（表1）および（表2）に示す。可能な範囲で現場を目視により確認し、図面についても併せて調査しました。
（表1）対象建物

建　物	構　造	階　数	敷地面積	備　考
事務所	鉄　骨	地上3階	1,750m^2	
倉　庫	鉄　骨	平　屋	1,750m^2	事務所と同一敷地

事務所：1階から3階までの天井は同一構造、表側は新しい石膏ボード、裏側は石綿太平盤／プラスターボードとなっており、アスベストの含有が疑われました。天井裏は鉄骨の剥き出しで吹き付け材は見られませんでした。床および壁に関してもアスベストの含有が疑われる材質は存在しませんでした。

倉庫：屋根はスレートで、内部のみ裏側にガラス繊維シートが見られました。しかし、設計が1996年以降のため問題はないと思われます。なお、高所のため採取は困難でした。床壁はコンクリートのため問題はありませんでした。

（表2）アスベスト現地調査結果表（略）
　事前調査結果より以下の試料を採取しました。
○事務所
　　天井　裏側（石綿太平盤／プラスターボード）　　1検体　→分析
　　天井　表側（石膏ボード）　　　　　　　　　　　1検体　→保管

　事前調査結果を基に検討を行い、採取試料の中で最も面積の大きい事務所天井裏側に関してアスベスト分析を行いました。

6．アスベスト分析
（1）目的
　事前調査結果よりアスベストが含有されている疑いのある建材試料を採取して、アスベスト含有分析を行い判定します。
（2）アスベスト試料採取
　アスベスト製品で含有の疑いのある試料を採取し、アスベスト含有の有無を分析し確認しました。
（3）アスベスト分析方法
　JIS A 1481 建材中のアスベスト含有率測定方法による定性分析および定量分析

第4章 不動産価値の特殊な減価要因

（判定基準：含有量 0.1 ｗ％）により行いました。
　① 分散染色位相差顕微鏡法
　② Ｘ線回折法

7．アスベスト分析結果
　今回採取した試料の分析結果を（表3）に示します。試料からアスベストは検出されませんでした。

（表3）アスベスト分析結果

建物	採取箇所	材　質	定性分析	分析結果			
				クリソタイル	アモサイト	クロシドライト	トレモライト等
事務所	天井（裏側）	石綿太平盤／プラスターボード	≧4ｆ／3,000粒子	無	無	無	無
			回折線ピーク	無	無	無	無
			アスベスト含有の判定	含有なし			

以上

〈資料4-8〉アスベスト調査とその具体例②

平成○○年○○月○○日

○○○○建物アスベスト調査報告書（抄）

　○○○○建物（事務所および工場）に使用されているアスベスト（石綿）含有製品について、平成○○年○○月○○日、現地調査にてアスベストが含有されている可能性のある建材等を調査しました。なお、敷地内の土木図面、建物構造に関する図面が保管されていないため、現地調査では、事務所（天井裏の一部を含む）および工場をすべて目視調査しました。
　建物はすべて鉄骨造でしたが、耐火材、防音材等のアスベスト飛散性の吹き付け材は認められませんでした。しかし、スレート成型材等の非飛散性のアスベストが含有されている可能性の製品があったため、これが含有されている可能性がある建材等の採取と含有分析を行いましたので、以下に報告いたします。

1．件名
　　○○○○建物アスベスト含有建材調査
2．調査場所
　　○○県○○市○○町○丁目○番○号
　　事務所および工場建物
3．調査日
　　平成○○年○○月○○日
4．調査結果
　現地で建材を試料採取しアスベスト含有調査を行った結果を（表1）および（表2）に示します。（表1）の◎印がアスベストの含有された建材で、（表2）に含有量とアスベストの種類を示します。

（表1）○○○○内事務所および工場　建物材料　採取分析試料

種類	外壁	内壁	床	天井	屋根	備考
事務所　1階〜3階　鉄骨造	スレート◎	スレート◎	ピータイル、塩ビシート△（1階〜3階）	3階石膏ボード×	鋼板（亜鉛）×	
（省略）						
（省略）						

○主な建材の種類と量
　工場の壁材（外、内）はスレート波板が主体で、その量は多い。
　事務所の壁材（外、内）はスレート外内壁共通、それ以外の間仕切りは使用量が少ない。
（注）◎：アスベストが含有されている。
　　　△：アスベストが含有されている可能性が不明である。
　　　×：アスベストが含有されていない。

（表2）分析結果

試料	クリソタイル	アモサイト	クロシドライト	トレモライト／アクチノライト	アンソフィライト	判定結果
事務所外壁（内壁）	8.7%	含有なし	含有なし	モルタル	含有なし	アスベスト含有あり
（省略）						
（省略）						

採取した建材を持ち帰り、「JIS A 1481　建材中のアスベスト含有率の測定方法」分散染色位相差顕微鏡法およびX線回折法による定性定量分析を0.1％の定量下限で実施しました。

以上

5 PCB（ポリ塩化ビフェニル）の存在と不動産の価値

Q5 不動産の価値をとらえる上で、PCBの存在によるリスクはどのように考えておけばよいでしょうか。

A PCBとは、ポリ塩化ビフェニルの略称で、水に溶けにくく燃えにくい、電気を通しにくい等の性質をもつ油の一種です。このため、工場やビルのトランス（送られてきた電気の電圧を変える装置）やコンデンサ（蓄電器）用の絶縁油、業務用蛍光灯などに用いられた安定器、感圧複写紙等に使用されてきました。また、製鋼用電気炉、各種工業における加熱および冷却用媒体とも密接な係わりがあります。

PCBはこのような利点を持つことから幅広い用途に使用されてきましたが、昭和43年に人体への影響が社会問題化され、昭和47年に製造が中止されました。また、PCBは製造工程や使用過程によって排出されても容易に分解しないことから、水質、土壌等に蓄積して人体に吸収されるなど危険性を有しています。

このため、ポリ塩化ビフェニル廃棄物の適正な処理の推進に関する特別措置法では、PCB廃棄物を保管する事業者に一定期間内に処分することを義務付けたり、保管状況の届出（毎年度）を義務付けています。

PCBの存在によるリスクをとらえる上で、このような保管状況の届出が行われているか否かの調査は重要です。金融機関の担当者の方々にとっても是非念頭に置いていただきたい内容です。

第4章　不動産価値の特殊な減価要因

6　災害発生危険区域・急傾斜地崩壊危険区域内にある土地の減価要因

Q6　不動産の価値をとらえる上で、災害発生危険区域等によるリスクはどのように考えておけばよいでしょうか。

A　最近、災害発生危険区域や急傾斜地崩壊危険区域をめぐる問題が生じているため、これらとリスクとの関係を検討しておきます。

1．災害発生危険区域

昨今、土砂災害防止法（正式には、「土砂災害警戒区域等における土砂災害防止対策の推進に関する法律」（平成13年4月1日施行）に基づき、土砂災害警戒区域や土砂災害特別警戒区域に指定される例が見受けられます。

ここで、土砂災害警戒区域とは、土砂災害が発生するおそれがあり、避難場所等の周知や情報伝達体制の整備が必要な区域のことを指します。

また、土砂災害特別警戒区域とは、土砂災害警戒区域のなかでもさらに著しい土砂災害のおそれがあり、開発行為が厳しく制限される区域のことを指しています。

このような区域内にある土地は価値が減少する可能性があることからリスク（減価）を織り込む必要があります。

2．急傾斜地崩壊危険区域

急傾斜地崩壊危険区域とは、「急傾斜地の崩壊による災害の防止に関する法律」に基づき、都道府県知事が関係市町村の意見を聞いて指定する区域であり、以下のような区域を対象として指定されます。

① 崩壊するおそれのある急傾斜地で、その崩壊により相当数の居住者その他に危害が生ずるおそれのある区域

② これに隣接する土地のうち、当該急傾斜地の崩壊が助長され、または誘発されるおそれがないようにするため一定の行為の制限をする必要がある土地の区域

このような区域内にある宅地は、通常の宅地と比べて利用価値が劣るため、これに相応するリスク（減価）を織り込む必要があります。

なお、この法律に規定されている急傾斜地とは、傾斜度が30度以上である土地を指し、当該区域内において水の放流をはじめ、切土、掘さく、盛土、その他一定の行為を行おうとする場合には都道府県知事の許可を受ける必要があります。

このようなことを考慮すれば、急傾斜地崩壊危険区域内にある宅地には、法律上の建築制限や災害発生の危険性（崖崩れ等）が伴う点で減価要因が認められます。

第4章 不動産価値の特殊な減価要因

7 海岸保全区域・港湾隣接地域に指定された土地の建築制限

Q7 不動産の価値をとらえる上で、海岸保全区域等の指定によるリスクはどのように考えておけばよいでしょうか。

A

1．海岸保全区域の指定

対象地が港湾に面する地域内に存する場合、都市計画法や港湾法の規定によりしばしば臨港地区の指定が行われ、工場または事業場で、一の団地内における作業場の床面積の合計が 2,500m^2 以上または工場もしくは事業場の敷地面積が 5,000m^2 以上であるものの新設または増設の際には工事開始日の60日前までに港湾管理者に対する届出が必要となります。

加えて、このような地域に東日本大震災のような震災が発生し、津波による被害が生じた場合、岸壁付近に防災のため防潮堤を設置するなど、行政上の対応措置が講じられることがあります。

このような場合、対象地の一部を行政側が買収し、その上に防潮堤を設置することとなりますが、多くのケースでは防潮堤設置計画に基づき、買収土地以外の一定範囲を海岸法に基づく海岸保全区域に指定し、所有者に利用制限を課しています。例えば、防潮堤の下端から海岸側に幅10m、陸地側に幅10mの範囲内を海岸保全区域として指定する等がこれに該当します。そのイメージ図を〈資料4-9〉に示します。

対象地が海岸保全区域に指定された場合、以下のとおり海岸法による制限を受けます。

○海岸法第7条との関連

海岸保全区域として指定された土地上に、海岸保全施設以外の施設または工作物を設けて当該海岸保全区域を占用しようとするときは、海岸管理者の許可を受けなければならない（海岸の防護に著しい支障を及ぼすおそれがあ

る場合は許可を受けることができません)。

〈資料4-9〉防潮堤の位置と海岸保全区域

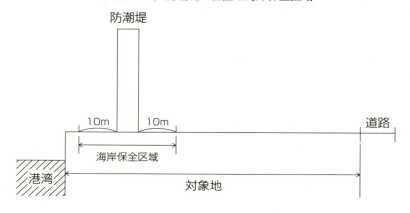

○海岸法第8条との関連

海岸保全区域内において次の行為をしようとするときは、海岸管理者の許可を受けなければならない。

ア　土石（砂を含む）の採取

イ　水面または公共海岸の土地以外の土地において、他の施設等を新設し、または改築すること。

ウ　土地の掘削、盛土、切土その他政令で定める行為

海岸保全区域に指定された場合、上記の利用制限を受けるため、その分のリスク（土地の価値に与える影響）を盛り込む必要があります（ただし、全体土地に含まれる海岸保全区域の割合、利用制限の程度等にもよります）。

2．港湾隣接地域の指定

対象地の一部が海岸保全区域の指定を受けていない場合でも、港湾法に基づく港湾隣接地域の指定を受けていることがあります。例えば、水際線から陸地側に65mの範囲内に港湾隣接地域が指定されている等がこれに該当します。そのイメージ図を〈資料4-10〉に示します。

第4章　不動産価値の特殊な減価要因

〈資料4-10〉港湾隣接地域

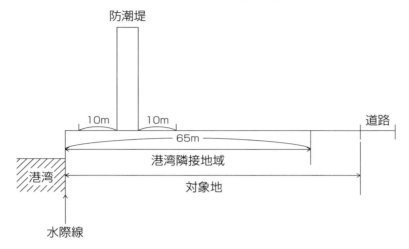

港湾隣接地域は港湾区域等を保全するために指定されますが、対象地が港湾隣接地域に指定された場合、港湾法により一定の行為が禁止されます。

以上のとおり、港湾隣接地域の場合、海岸保全区域と異なり建築物の建築制限は課されていませんが、一定の制約を受けることに留意する必要があります。

8 境界線上に越境物がある場合や筆界（境界）が確認できない場合の減価

Q8 不動産の価値をとらえる上で、越境や筆界未定によるリスクはどのように考えておけばよいでしょうか。

A 1．越境によるリスク

　隣接地の建物やその基礎、樹木等が対象地に越境していたり、反対に対象地側に隣接地の建物等が越境している場合があります。このような場合、土地の売買に当たっては契約締結に先立って越境物を撤去したり、あるいはそれが難しい場合には隣接者との間に〈資料4-11〉のような覚書を取り交わすことによって取引を行うことが通常です。

　このような措置を取ることにより、不動産の価値自体に影響を与えるケースは少ないのですが、なかにはその解決が困難なことから減価要因としてとらえざるを得ないこともあります。

　〈資料4-11〉に掲げた物件とは別の物件ですが、〈資料4-12〉に越境状況を印した図面の例を掲げます（この図面は対象地を現状のまま買主に引き渡すことを前提として作成されたものです）。

第4章　不動産価値の特殊な減価要因

〈資料4-11〉境界線上の越境物の取扱いに関する覚書

○○○○（以下甲という。）および○○○○（以下乙という。）は、末尾表示の甲および乙所有土地の境界線上に存する越境物の取扱いに関し、次のとおり覚書を締結した。

第1条　甲および乙は、乙所有土地（9番8）内に、甲所有土地（9番7）上に存するブロック塀のレンガ積の一部が越境していることを確認した（別添図面の既設金属鋲○○番と既設コンクリート杭○○番を結ぶ直線より乙所有土地側で、朱線表示箇所）。
2　甲が将来、前項のブロック塀の新設または改修、もしくはこれに替わる構築物を新設する際には、当該越境部分を甲の責任において撤去するものとする。

第2条　甲および乙は、甲所有土地（9番7）内に、乙所有土地（9番8）上に存するガス管の一部が越境していることを確認した（別添図面の既設コンクリート杭○○番と既設金属標○○番を結ぶ直線より甲所有土地側で、青色表示箇所）。
2　甲が将来、前項のブロック塀の新設または改修、もしくはこれに替わる構築物を新設する際には、当該越境部分を乙の責任において乙所有地内に移設するものとする。

第3条　甲または乙は、将来、末尾表示の甲または乙所有土地の所有権を移転する場合、新所有者に本覚書の内容を承継させるものとする。

本覚書の成立を証するため、本書2通を作成し、甲乙各1通を保管する。
　　　　　　　　　　　　　　　　　　　　　　　　平成○○年○月○日

　　　　　　　　　甲　　住所
　　　　　　　　　　　　氏名　　　　　　　　　　（印）

　　　　　　　　　乙　　住所
　　　　　　　　　　　　氏名　　　　　　　　　　（印）

（土地の表示）
　甲所有の土地　　○○市○○区○○町　9番7
　乙所有の土地　　○○市○○区○○町　9番

（注）本覚書に添付されている図面については掲載を省略します。

〈資料4-12〉越境状況図

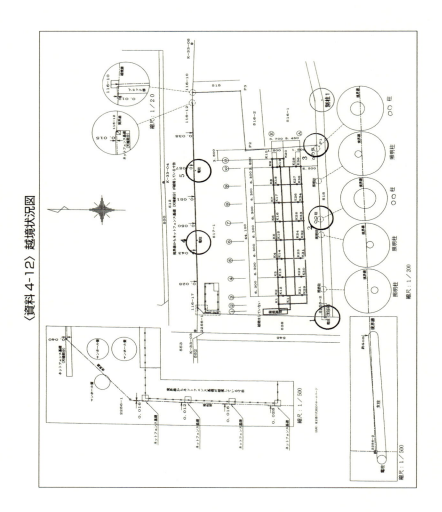

140

2．筆界未定によるリスク

　筆界ということばは公法上の境界を指して使用されています。すなわち、筆界とはある一筆の土地と、これに隣接する他の土地とを区分して特定するための境を意味します。そして、一筆ごとの区画は法務局（国）の図面に表示されていることから、筆界と呼ぶ場合には公法上の境界を指すことになります（〈資料4-13〉を参照）。

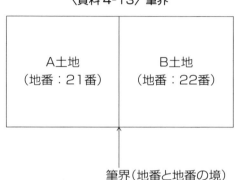

〈資料4-13〉筆界

　ところで、境界ということばは、往々にして混同されて使用されている傾向にあります。それは、境界と呼ぶ場合、本来は上記のとおり公法上の境界を指すのですが、多くのケースで私法上の境界（＝所有権の境）を指すものと理解されてきたからです。

　公法上の境界と所有権の境とは多くの場合一致していますが、なかには一致していないケースもあります（長期間にわたり隣接者が占有することにより、時効で所有権の境が移動してしまっている場合がこれに該当します〈資料4-14〉参照）。それだけでなく、所有権の境は隣接者間の合意により、公法上の境界とは区別して定められているのが一般的な傾向です。しかし、あくまでも公法上の境界とは固定して動かないものと考えられています。

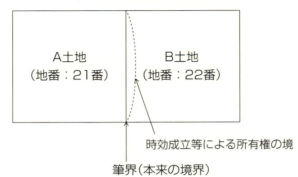

〈資料4-14〉筆界と所有権の境

　以上、筆界の意味について述べましたが、図面の中に「筆界未定」という記載が行われていたり（〈資料4-15〉参照）、公図上に例えば（○○＋○○）というような記載が行われているのを目にすることがあります（〈資料4-16〉参照。ここでは、図面のほぼ中央部の細長い形状の土地に（37－11＋37－45）と記載されています）。これは、筆界が確認できず、筆界未定のまま処理されてしまったことを意味しています。

　筆界が明確となっている場合、例えば〈資料4-16〉の公図では「37－11」とか「37－45」というように記載されるはずですが、明確となっていないために（37－11＋37－45）という記載が行われています。

第4章 不動産価値の特殊な減価要因

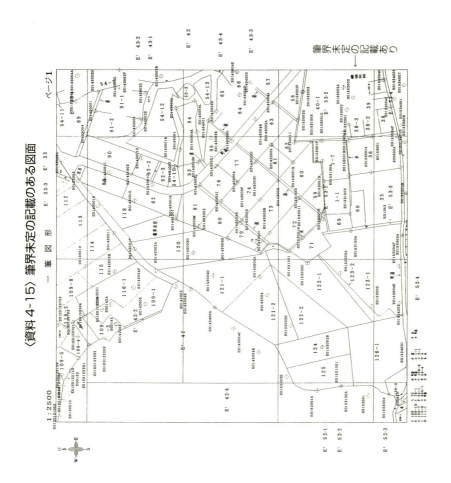

〈資料4-15〉筆界未定の記載のある図面

143

〈資料4-16〉筆界未定の公図上の地番

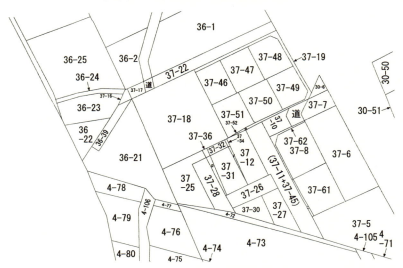

（注）図中の縦長の形状で（37−11＋37−45）の記載が行われている土地が筆界未定部分です。

　土地の面積計算に当たっては、どこからどこまでの範囲を対象とするかが最初に確定されていなければなりません。土地は全土が連続しているため、人為的に区切って対象範囲を特定させなければ面積の確定を行うことができないことはもちろんです。そして、その範囲を特定するためには隣接地との筆界が明確であることが前提です。それだけでなく、筆界と私人間で確認した境界が異なる位置にあると考えられる場合には、その相違も明らかにしておく必要があります。

　なお、隣接者との間で（筆界とは異なる意味での私人間の）境界に争いがある場合、隣接者から境界承諾書を入手することができないため、実測図の作成が困難となります（このような状態で仮に図面を作成したとしても、それは隣接者の承諾のない概況図面（現況測量図）という性格にとどまります）。

　上記状況により実測図を作成できない場合でも売買そのものは可能ですが、

このような土地に対する購入者は極めて少ないでしょうし、仮に購入者がいてもその分だけリスク（価値の減少）を織り込む必要があります。もっとも、このような土地は担保の対象として不適格ですので、金融機関の担当の方々にとっても担保価値を査定する機会もないと思われますが。

〈資料4-17〉に境界確認書の一例を示します。

〈資料4-17〉境界確認書

　〇〇〇〇（以下甲という。）および〇〇〇〇（以下乙という。）は、土地の境界に関し、平成〇〇年〇月〇日現地において立会し、次のとおり確認した。

1．境界を確認した土地の表示

　　甲の土地　　〇〇市〇〇区〇〇町　9番7
　　乙の土地　　〇〇市〇〇区〇〇町　9番8

2．甲および乙の境界の状況

　別紙実測図朱線のとおり（掲載省略）。

　以上のとおり甲および乙は、それぞれの境界を確認したことを証するため本確認書2通を作成し、各自1通を保管する。

平成〇〇年〇月〇日

　　甲　　住所
　　　　　氏名　　　　　　　　　（印）

　　乙　　住所
　　　　　氏名　　　　　　　　　（印）

（注1）この境界確認書と実測図を合綴し、契印をする。
（注2）甲および乙は、所有権移転の際には本確認事項を承継させるものとする。

9 区分地上権が設定されている場合の利用制限

Q9 不動産の価値をとらえる上で、地下阻害物（地下鉄道等）が存在することによるリスクはどのように考えておけばよいでしょうか。

A 地下鉄道や公共下水道等の地下阻害物が存在することにより土地所有者が利用上の制約を受ける場合は、これを減価要因としてとらえる必要があります。ここで、利用上の制約とは、地下阻害物が存在することによりその土地上に建築可能な建物の階層に制限を受ける場合（荷重制限）や地下鉄の振動等のため、土地利用に影響が及ぼされることを意味します。

1．区分地上権設定契約

都市部においては他人の土地の地中部分を地下鉄道が通り、土地所有者と事業者との間に区分地上権設定契約が結ばれている例をよく見受けます（土

〈資料4-18〉

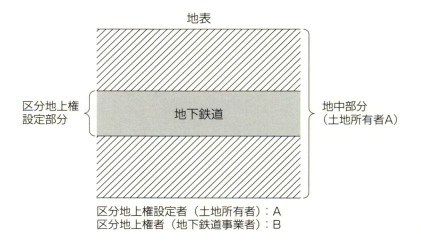

区分地上権設定者（土地所有者）：A
区分地上権者（地下鉄道事業者）：B

地所有者が区分地上権設定者、事業者が区分地上権者という関係となります)。そのイメージ図を〈資料4-18〉に示します。

このような場合、対象地に区分地上権設定登記が行われていることが多く、登記簿の権利部（乙区欄）を調査すればその事実を確認することができます。

参考までに、〈資料4-19〉に区分地上権が設定されている場合の登記簿の例（ただし、権利部乙区欄の記載内容）を掲げます。

〈資料4-19〉区分地上権の設定されている登記簿の記載例（権利部の乙区）

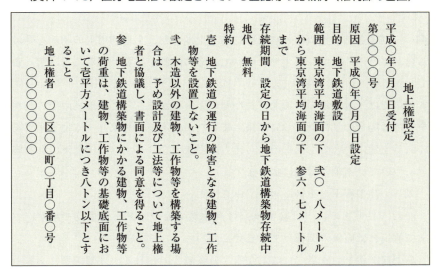

2．区分地上権の設定と利用制限

このような土地の場合、区分地上権の設定により建物の建築ができなくなるわけではありませんが、地下鉄道の構築物が存在することにより地上の建物や工作物の荷重制限を受け、その結果、建物の構造や建築可能階層等に影響を与える場合があります。

区分地上権が設定されている土地の評価に際しては、このような観点から相応の減価が必要とされるケースが多くありますが、その考え方については改めて取り上げます。

10 高速道路や鉄道の下にある土地の減価要因

Q10 不動産の価値をとらえる上で、地上阻害物（高速道路、鉄道等）が存在することによるリスクはどのように考えておけばよいでしょうか。

A 高速道路、鉄道等の高架下にある土地など、土地利用上の制約を受ける場合には、そうでない土地に比べて相応の減価が必要となることは明らかでしょう。

前項では、対象地の下に地下鉄などの阻害物が存在し、土地利用上の制約を受ける場合のリスクについて扱いましたが、本項で対象とする地上阻害物のある土地についても同様のとらえ方が必要となります（高圧線下にある宅地については本項とは別に扱います）。

以下、高架線下地を例に考えてみます。

なお、参考までに〈資料4-20〉は高架線下地のイメージ写真ですが、本文の解説とは直接の関係はありません。

高架線下地という場合、これが有する減価要因として、高架線下にあるために高さ制限を受けること、快適性が劣るなど環境面に与える影響が大きいこと（騒音・振動、日照・採光の不良等）が考えられます。

地上阻害物が存在することによる減価率のとらえ方については章を改めて取り上げますが、特に建築制限との関係を念頭に置く必要があります。

第4章　不動産価値の特殊な減価要因

〈資料4-20〉高架線下地

11　大規模な土地の単価が低目となる理由

Q11　不動産の価値をとらえる上で、大規模な土地はどのようなリスクを有するのでしょうか。

A　近隣地域内の標準的な画地に比べて規模が大きい画地は、標準的な画地に比べて単価が割安になることが多いといえます。

その理由は、主に次の2点にあると考えられます。

① 規模が大きくなればなるほど総額が多額となり市場性が減退すること（すなわち、売り手が一括処分をしようと考えても、まとまった土地を必要とする購入者層が限定されてしまうこと）。

② 住宅地の場合、規模の大きな土地でマンションや戸建住宅の建設を行おうとすれば都市計画法上の開発行為（後掲）に該当して、自治体から公共用地（公園等）の提供を求められたり、戸建住宅の敷地を造成する場合には新しく道路を敷設する必要があり、潰地（つぶれち）が発生する（＝有効宅地の面積が減少する）こと。

ここで、規模の大きな土地の単価が低目となる傾向と都市計画法上の開発行為とは密接な関係にあります。

すなわち、開発行為とは、主として建築物の建築、または、特定工作物の建設の用に供する目的で行う土地の区画形質の変更を意味します。そして、土地の区画形質の変更とは、敷地を分割したり、盛土や切土等を伴った造成工事を行うことなどを指しています。

参考までに、〈資料 4-21〉に開発行為のイメージ図を掲げます。

ある土地の区画形質の変更を行おうとする場合、これが開発行為に該当すれば原則として都道府県知事の許可が必要となりますが、市街化区域内において行うもので規模が $1,000m^2$ 未満のものをはじめ一定のものは例外扱いと

第4章　不動産価値の特殊な減価要因

されています。

〈資料4-21〉開発行為のイメージ図

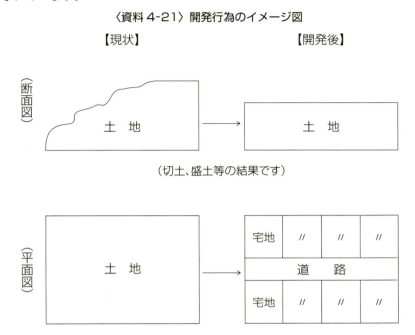

　仮に、評価の対象とする土地が市街化区域内にあり、面積も3,000m²で、これを戸建住宅の敷地として分割利用することが地域の土地利用に最も合致するとします。このようなケースでは、3,000m²の土地のなかに道路を新設し戸建住宅の敷地として利用できる区画を多数生み出さなければなりません。

　公図を活用してそのイメージを描いたものが〈資料4-22〉です。

〈資料4-22〉多数の開発区画

12 高圧線の下にある土地の減価要因

Q12 不動産の価値をとらえる上で、高圧線下地はどのようなリスクを有すると考えればよいでしょうか。

A 高圧線下にある土地は、それだけで心理的な不安感や不快感を伴うことは事実ですし、また、状況によっては土地の利用価値が最大限に発揮されない（＝最有効使用が妨げられる）ケースも発生します。後者の例として、当該部分の上空を高圧線が通過していなかったならば5階建ての建物が建築できるところ、その影響により3階建てに制限されてしまうといったケースがあげられます。そして、高圧線による価格への影響は用途によっても異なると考えられます。このような点から、高圧線下にある土地に対しては減価を考慮することが必要となってきます。

なお、高圧線下地であることによる価格への影響は用途によっても異なると考えられます。

すなわち、一般的には、大工場地域に属している土地は住宅地域内にある土地に比べ、高圧線が存在することによる快適性への影響度は少ないでしょうし、また、商業地域内にある土地と比べた場合でも使用可能な容積率との関係からして、建物の建築可能階層が制限される度合いは少ないと思われるからです。

ただし、高圧線の電圧が170,000Vを超えるような場合には、その真下部分および高圧線からの水平距離3m以内に建物を建築することができないこととされているため（高圧線の真下部分の範囲は（〈資料4-23〉を参照）、上記の内容はごく通常のケースを想定したものとして理解しておく必要があります。

なお、参考までに高圧線下地のイメージ写真を〈資料4-24〉に掲げます。

〈資料4-23〉高圧線の真下部分の範囲

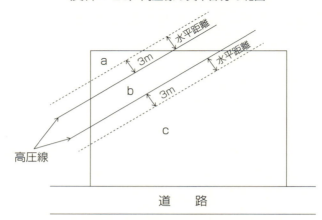

〈資料4-24〉高圧線下地のイメージ写真

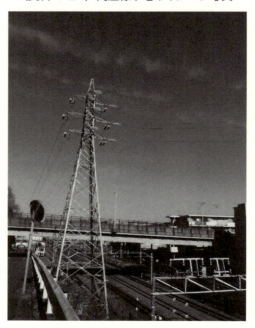

第5章

物件の基本的調査

1 現地調査の必要性とチェックポイント

Q1 金融機関の担当者が不動産のリスクを把握し、その価値を判断するために現地調査はなぜ必要となるのでしょうか。そのチェックポイントも併せて説明してください。

A 現地調査は土地や建物の評価だけでなく、不動産取引の際には欠かすことのできない重要な項目です。書類上あるいは図面上では一定の距離があるように記載されていても、現実にそのとおり存在するとは限りません。また、建物の増改築が行われていても、その結果が登記簿に反映されていなかったり、その反対に建物が既に撤去されているにもかかわらず滅失登記が行われていないため、なくなったはずの建物が登記簿上存在するということもあります。

このように、事実関係を的確に把握し、不動産のリスクを推し測るためにも現地調査は不可欠です。さらに、その結果が価値にも影響してきます。

1．現地調査時のチェックポイント

① 取引や評価業務を担当して経験の浅い人からすれば、現地調査では対象物件だけを確認すればすべて事足りると思いがちでしょうが、実はそう簡単に済むものではありません。評価に先立って調査する事項は多くあるため、現地調査に赴く手間や費用等を考慮すれば、できるだけ効率的な調査手順を考える必要があります。

② しかし、そうはいっても、なかには一度現地に赴いただけでは明らかにならない事項もあったり、最初の調査が発端となって補足調査の後、再度現地で確認した方がよいと思われる事項が生ずることもしばしば経験することです。

第5章　物件の基本的調査

　　前者に属するケースとしては、対象地を含む一体が一団の土地となっており境界標識が見当たらないため、対象地を特定しにくいという状況が考えられます。

　　後者に属するケースとしては、図面で見る限りはすべてを建物の敷地としてその所有者が利用しているように思えても、実際には一部を他人が通路として利用しているという状況が考えられます。

③　このほかにも再調査を余儀なくされることがあります。例えば、調査項目にもともと漏れがあったような場合です。このために2度3度と同じ場所に赴くことは時間的にもロスを生じさせるため、事前準備は十分に行いたいものです。そのためにもチェックリストを用意しておくことが有用です。

2．現地調査時のチェックリスト

〈資料5-1〉に土地の現地調査チェックリストの一例を示します。個々の項目に関しては、物件の状況によっては不要なものがあるかも知れませんし、反対にもう少し精度を上げて調査しなければならないケースが生じてくる可能性も考えられます。したがって、必要に応じて適宜アレンジの上、活用していただければ結構です。

また、現地調査の際にはこのリストとともに筆記具、メモ用紙（A4判程度の白紙）、巻尺（道路幅員や間口奥行の測定のため）、カメラ、地図（案内図、住宅地図、公図等）、電卓、磁石等を携行するようにしたいものです。

不動産（特に土地）の評価に当たっては地域の特性を把握することが重要です。そのためには対象物件の他に周囲の状況や環境を目で見て調査しなければなりません。なお、参考までに〈資料5-2〉および〈資料5-3〉に境界標識のイメージ写真を示します。

〈資料5-1〉土地の現地調査チェックリスト

対象物件の表示	住居表示（注1）	
	登記簿の表示 　No　　　　　所在地番　　　　地目　　　　　地積　　　　　所有者 　1　　　　　　　　　　　　　　　　　　　　　　m² 　　　　　　　　　　　　　　　　（現況　　　） 　2　　　　　　　　　　　　　　　　　　　　　　m² 　　　　　　　　　　　　　　　　（現況　　　） （公簿面積合計）　　　　m²	
	実測面積（注2）　　　m²	
	地上権・賃借権等の有無とその内容 　　権利の種類（　　　　　　　　） 　　内容（注3）	
土地の状況	（形状・接面道路の状況・建物の配置状況等）（注4） （崖地・法地を含む場合には断面図）	
	セットバックの必要性（注5）　　有　・　無 　有りの場合：道路の中心線からの後退距離　　　m 　　　　　　　セットバック部分の面積　　　m²（　m×　m）	
	境界標識の有無とその状況（注6） 　　　境界標識　　有　・　無 　　　標識の種類　　コンクリート杭・木杭・金属鋲・その他 　　　越境の有無　　有　・　無 　　　その他	
	地勢　　　平坦　・　その他 　　その他の場合には状況を記入（ただし、図面上で明示した場合は不要）	
	道路との高低差　　　　　　　有　・　無	
	隣地との高低差　　　　　　　有　・　無	
	崖地・法地の有無（注7）　　　有　・　無	
	擁壁の有無（注8）　　　　　　有　・　無	
	備考	

第5章 物件の基本的調査

利用状況	用途　　住居・店舗・事務所・工場・倉庫・その他（注9）（　　　　　） 建物の有無　　　有　・　無 建物有りの場合には入居者名（　　　　　　） （特記事項）
前面道路の状況	公道・私道の区別　公道（注10）（　　　　　）・私道（注11）（　　　　　　） （道路が私道の場合） 　　　　　・私道の所有形態（注12）□敷地の所有者が全部を所有 　　　　　　　　　　　　　　　□共有（持分　　　／　　　） 　　　　　　　　　　　　　　　　他の共有者（　　　　　　　　　　　） 　　　　　　　　　　　　　　　□私道の一部を区分して敷地所有者が所有 　　　　　　　　　　　　　　　　（　　　　　m^2） 　　　　　　　　　　　　　　　□私道の全部を他人が所有 　　　　　・負担金の有無 道路の方位　　　道路の（　　　　）側 幅員　　　　　　m 舗装の有無　　　有　・　無 敷地との高低差（注13）　　　有　・　無 ≪特記事項≫
隣接地との関係	敷地内での他人の埋設管の有無　　　有　・　無 （有りの場合には埋設管の種類、権利の内容（賃借権か地役権か、暗黙の了解か、その他）、権利の承継の有無、契約の当事者、利用料等を記入） 敷地内への他人の通行の有無　　　有　・　無 （有りの場合には通行に関する権利（賃借権か地役権か、暗黙の了解か、その他）、権利の承継の有無、契約の当事者、通行料等を記入）

生活関連施設	水道　　　有　・　無 公共下水道　　　有　・　無 　　　（さらに詳しい調査を行う場合には、汚水の処理を本下水、浄化槽等に、雑排水の処理を本下水、側溝、浄化槽等に区別する） ガス　　　都市ガス　・　プロパンガス 電気　　　供給者名（　　　　　　） ≪特記事項≫
交通その他条件	最寄り駅　　　　線　　　　駅より道路距離で約　　　m（徒歩約　　　分） 　　　　　　　　　　　　　　　　　　　　　　　（最寄りバス停　　　　） 地域の特性　　住環境（　　　　　　　　　　　　　　　　　　　　　） 　　　　　　　商店街の状況（　　　　　　　　　　　　　　　　　　　） 　　　　　　　公共施設の状況（　　　　　　　　　　　　　　　　　　） 　　　　　　　嫌悪施設の有無　　　有　・　無 　　　　　　　その他（　　　　　　　　　　　　　　　　　　　　　　）
公法上の制限	都市計画上の制限　　市街化区域・市街化調整区域・非線引都市計画区域・都市計画区域外 用途地域　　（　　　　　　） 建ぺい率　　　　%、容積率　　　　% 防火地域指定の有無　　　有（防火地域・準防火地域）　・　無 その他の制限の指定（　　　　　　　　　　　　　　　　　　　　　　　）

（注1）住居表示が実施されている場合に記入します。
（注2）実測が行われている場合に記入します。
（注3）内容については、例えば以下のものを記入します。
　　　　土地の賃借権の場合には、賃借人の住所、氏名、地代、契約期間、更新（料）の有無、その他の参考事項。
（注4）公図や住宅地図等を基に、土地の概況が把握できるように記入します。また、同じ図面の中に、現地で調査した境界標を記入しておけば役立ちます。
（注5）前面道路が建築基準法第42条第2項に規定する道路（いわゆる2項道路）に指定されている場合に記入します。
（注6）該当事項に○印を付し、特記事項がある場合にはその旨を記入します。
（注7）～（注8）有りの場合、図面に明示すれば特にこれ以上記入する必要はありません。

第5章 物件の基本的調査

(注9) 駐車場、資材置き場など。
(注10) 公道の場合には県道、市町村道等の区別を記入します。
(注11) 私道で建築基準法上の道路の取扱いを受けている場合（例：位置指定道路や2項道路など）にはその旨を記入します。
(注12) 一概に私道とはいっても、所有形態には現にいろいろなケースがあります。
　　　例えば、敷地の所有者が私道の全部を所有している場合もあれば、隣地所有者との共有（したがって、特定の区画が明示されているわけではありません）となっている場合もあります。
　　　また、私道の一部につき図面上で特定の区画が明示されて敷地所有者のものになっていることもありますし、ケースによっては私道の全部が全く他人の名義になっていることもあります（現に、このようなケースで建築基準法上の2項道路の指定を受けている例もあります）。
　　　私道の形態は多様であるため、これについて調査の上、該当欄に記入します。
(注13) 高低差のある場合、状況を図面に記入すれば足ります。

〈資料5-2〉境界標識のイメージ写真（矢印の先端）

〈資料5-3〉境界標識のイメージ写真（十字の交点）

3．基本的な留意点

(1) 用途の把握

　例えば、同じ住宅地域でも戸建て住宅が建ち並んでいる地域であるのか、戸建て住宅のほかに空き地も目立つ地域であるのか、戸建て住宅とアパート・マンションが混在している地域であるのか、住宅と店舗が混在している地域であるのか等を問題意識をもって把握する必要があります。

　これらの状況は住宅地図等である程度推測をつけられることもありますが、やはり図面でのイメージと現地の状況とが一致しないことも多く、机上調査だけでは危険性が伴います。

(2) 地域の変化

　地域全体が1年前の状況と大きく変化している場合もあります。例えば、従前工場の敷地であった土地が開発業者に売却され、マンションの敷地に変化しているというような場合がこれに該当します（用途地域が工業地域に指定されている場合、都市計画法および建築基準法上、住宅の建築が可能です）。このようなケースでは土地価格の水準に変動が見られることが多く、

地域の変化を的確に評価額に反映できなければ適正な時価と乖離が生じます。その意味でも現地調査は不可欠です。

　また、調査に自動車は便利ですが、実際に電車やバスを利用してみなければ利便性の有無を判断することはできないケースも多くあります。したがって、自動車の利用だけでなく、できるだけ電車等の交通手段を用い、最寄り駅から徒歩（またはバス）で諸事項の調査を行うなど、日常生活等での視点も評価に反映させることが必要です。

2　登記簿や図面の調査

Q2　不動産を特定するに当たり、登記簿や図面はどのように役立ちますか。また、調査はどのように行えばよいでしょうか。

A　調査や評価の対象となる土地は個々に間口、奥行、形状、道路付け等が異なるため、これらの特性を把握して的確な評価作業を行うためにも図面が必要です。また、登記簿により各筆の所有者を確認しておく必要があります。

　登記簿や図面は、このような目的から不動産の特定に不可欠です。

1．物件の特定

　現地調査を行うとはいっても、ただ漠然と現地へ足を運び土地や建物を見てくればよいというものではありません。一般の不動産取引においても、土地や建物の評価においても、対象物件がどのような場所にあり、どのような形状をしていて、その範囲はどこまでか（面積はいくらか）を明確にしておかなければならないことは当然です。

　このことはしばしば物件の特定と呼ばれていますが、この前提に誤りがあった場合、結果的に評価額の誤りへと波及していくことになります。その意味で、物件の特定作業は評価に限らず不動産全般に共通する基本中の基本といえます。そして、これを的確に行うためには登記簿の確認や図面と現地との照合作業が必要となります。

2．登記簿による不動産の特定
(1)　土　地

　対象となっている土地が登記簿に記載されているものと同一のものである

かを十分に確認する必要があります。すなわち、登記簿の表題部により所在、地番、地目、地積を確認して同一性の判断を行います（位置関係については登記簿で把握できないため、公図等により判断して特定を行います）。この際、住居表示が実施されている地域については、その表示と登記簿の地番との相違に注意しなければなりません。

　また、登記簿の地目が畑や雑種地でも、現況が宅地となっていることがあるため、登記簿の記載だけに頼ることはできません。

　さらに、対象地が隣接土地所有者との境界立会の上で実測されている場合には、登記簿の面積（公簿面積）と実測面積とが一致しないことが多いのも特徴的です（実測面積＞公簿面積となるのが通常ですが、その原因については改めて説明します）。

　土地の場合に注意しなければならないことは、利用状況が同じひとまとまりの土地（一団の土地）であっても、地番が一つであるとは限らないという点です。一団の土地であっても何十筆（あるいはそれ以上）という多くの地番から構成されている土地もあるため、このような土地は一つ一つ地番を確認しながら範囲を特定しなければチェック漏れを生ずる危険性があります。

(2) 建　物

　建物については登記簿の表題部記載の所在、家屋番号、種類（居宅、店舗、事務所、工場等）、構造（木造、鉄筋コンクリート造等）、床面積と現況とを照合し、対象物件の特定を行います。

　ただし、増築を行ってもその旨の登記を行っていないケースがしばしば見受けられることから、登記簿の記載と現況が異なる場合も多いといえます。したがって、現地調査が何よりも不可欠となるわけです。

　また、区分所有建物（マンション）の場合には通常の建物と異なり、登記簿の表題部も一棟の建物の表示、専有部分の建物の表示、敷地権の表示に分かれていることに留意すべきです。さらに、共同利用施設や敷地等の共用部分については各々の専有面積の割合で持分を定めていることが一般的であり、このことが区分所有建物に特有のものとなっています（すなわち、専有部分

と共有持分とがセットになっているということです)。

　未登記建物の場合には建築確認通知書、設計図書、固定資産課税台帳登録事項等と照合し、所在、位置、構造、面積等の同一性を確認する必要があります。

3．図面による不動産の特定

　登記簿とともに、図面は対象不動産を特定する上でも大きな意味をもっています。それだけでなく、不動産の概略を把握する上で非常に重要な資料となります。一概に図面とはいっても、概略を把握できれば足りるものから境界線を正確に表示する必要のあるものまで千差万別です。

　以下、各種の図面について述べます。

(1)　土　地

　①　公図

　　公図とは俗称であり、正確には旧土地台帳付属地図のことを意味しています。

　　この地図はもともと明治の地租改正時に作成されたものであり、その目的は地租徴収の資料とすることにありました。しかし、測量はもっぱら徴収を受ける国民の側で実施するという建前になっていたため、実際の面積よりも過小申告された結果が土地台帳に反映されたという経緯があります。加えて、当時の測量技術が粗雑なものであったという問題も指摘されています。公図に幾分不正確なところがあるというのはこのためです。参考までに、〈資料5-4〉に公図の一例を示します。

　　このような経緯をもって作成された地図が昭和25年に税務署から法務局へ移管され、次に述べる法14条地図(改正前の不動産登記法では「法17条地図」)と呼ばれる精度の高い図面が作成された土地を除き、そのまま現在まで引き継がれているわけです。

　　昭和35年の不動産登記法の改正により土地の登記簿と土地台帳とが一元化されて土地台帳が廃止されたため、その付属地図(すなわち公図)も

第5章 物件の基本的調査

法的な根拠を失い、精度の高い図面の備え付けが要求されることになりました。しかし、このような精度の高い地図が全国的に整備されるまでには時間を要するため、それまでの間は公図が「地図に準ずる図面」として扱われることになっています（現在、法14条地図は徐々に整備されつつありますが、全国的にみた場合には未整備の地域が多いといえます）。

　金融機関で融資を担当される方々は、公図そのものについて多かれ少なかれ係わりを有していると思われます。このため、特に次の点に留意して公図の記載内容を取り扱うことが必要です。

〈資料5-4〉公図写

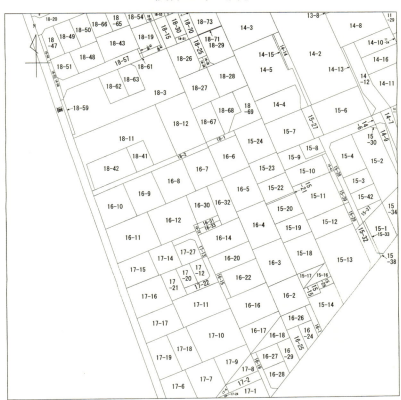

○留意点

　公図はもともと精度が劣るものですが、すべてが不正確であると決めつけてしまうこともできません。それは、公図は、長さや面積については実態をありのままに示していないことが多いのですが、地番ごとの位置関係や境界の形状（直線か曲線か等）については現状と符合していることが多いためです。このように、公図の有する特徴を十分に理解した上でこれを利用することが大切です。

② 　法14条地図

　公図とは別に、不動産登記法第14条に規定する地図があります。

　このような、いわゆる法14条地図とは法務局に備え付けられた精度の高い図面のことを意味しますが、具体的には次のようなものがこれに該当します。

- 国土調査に基づいて作成された地籍図
- 土地区画整理等による所在図
- 法務局が法14条地図として新規に作成したもの、旧土地台帳付属地図のうち正確なもの（もともと国土調査の地籍図や土地区画整理等による所在図などを付属地図としていたもの）

　このような図面は精度の高いものなので、仮に境界杭が紛失したりしても、この図面を基に対象地の位置や形状を特定することができるという特徴があります。また、既に述べたとおり、現状では大都市よりもむしろ地方の郊外地の方が備え付けられている度合いが高いといえます。

　その原因としては、大都市となればなるほど土地の境界を決めるに際して利害関係者が多くなること、地価水準の高さからわずかな境界のズレでも利害関係が複雑となること等が指摘されています。

　参考までに、〈資料5-5〉に法14条地図の一例を示します。

③ 　地積測量図（分筆登記申請時に作成した図面）

　分筆登記を申請する場合をはじめ一定の場合には登記申請書に地積測量図を添付する必要があり、このような申請のなされた土地に関しては法務

第5章 物件の基本的調査

局に地積測量図が備え付けられています。

　地積測量図のなかでは、土地の形状はもちろんのこと、境界標識や地積およびその求積方法も明らかにすることが要求されています。このようにして作成された地積測量図で、分筆の対象となっている部分の面積は、実測に基づく正確な計算結果が反映されているのが実情です。

〈資料5-5〉法14条地図の一例（土地区画整理所在図）

しかし、従来の登記実務においては分筆の対象外の部分の面積は、分筆前の登記簿の全体面積から分筆対象部分の面積を差し引いて表示することも認められてきました。このため、地積測量図が作成されているとはいっても、残地の部分に関しては実際の面積と登記簿の面積に差のあるケースもしばしば見受けられます（分筆前の登記簿の全体面積が実際の面積と異なっていることが多いのがその原因です）。

　なお、平成17年3月7日から施行された改正後の不動産登記法の下においては、原則として分筆後の土地のすべてについて求積方法を明らかにしなければならないこととされました（すなわち、分筆対象外の残地についても測量図を作成するということです）。このため、現在、分筆時に作成されている地積測量図はこの考え方に則っているといえます。

　参考までに、地積測量図の例を〈資料5-6〉および〈資料5-7〉に示します。

　ちなみに、これらの2つの図面は改正前の不動産登記法の下で作成された地積測量図ですが、〈資料5-6〉の図面では残地部分の面積は全体面積から分筆の対象面積を差し引いて計算されています。これに対し、〈資料5-7〉の図面では残地部分も実測の上、面積が計算されている点が特徴的です。

④　実測図（売買等の際に測量士が実測の上作成した図面）

　隣接地の所有者同士が立ち会って、それぞれの境界点を確認した上で、測量士等の有資格者に依頼して作成してもらった図面です。ここで確認する境界杭や境界プレート等については、以前から存在しているもの（既設杭等）を改めて確認する場合と、従来これらが存在しなかったため改めて設置する場合があります。いずれにしても、境界を確認した上で面積計算が行われるため、登記簿の面積に比べて精度も高く、信頼性が高いといえます。〈資料5-8〉は実測図の一例です。

(2)　建物～建物図面・各階平面図

　建物図面は敷地上でその建物がどのような位置にあるのかを表しており、

第5章 物件の基本的調査

〈資料5-6〉地積測量図の例（その1）

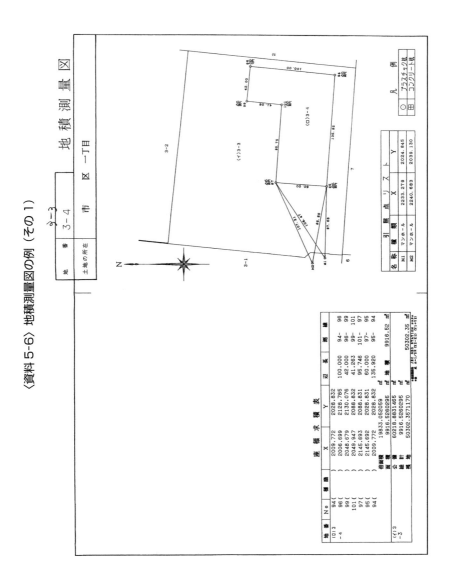

〈資料5-7〉地積測量図の例(その2)

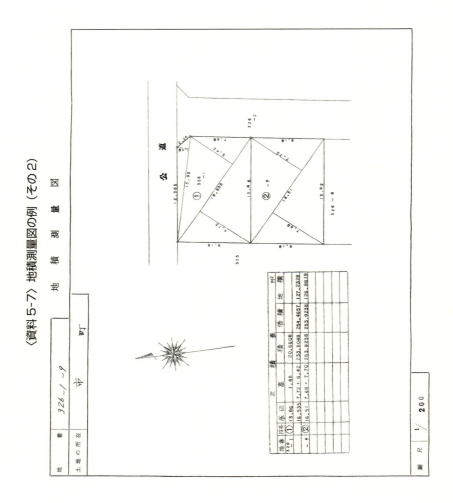

第5章 物件の基本的調査

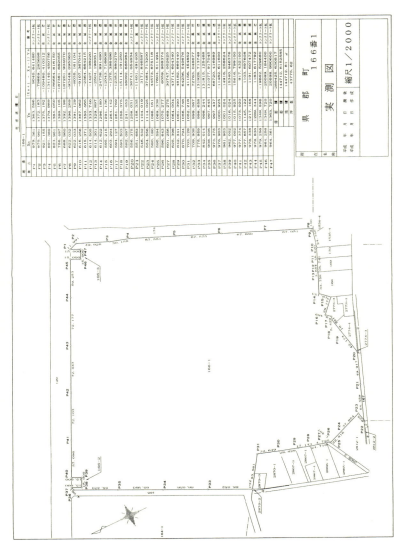

〈資料5-8〉実測図の例

道路との位置関係も把握することができます。各階平面図は、建物の各階ごとの形状、寸法、床面積（その計算過程も含む）等を示しています。

　ここで注意しなければならないことは、建物図面・各階平面図は登記されているすべての建物について作成されているとは限らないという点です。法務局で建物の登記簿と同時に図面の写しを申請しても、建物については図面は存在しない旨の回答を受けることがあります（建築時点の古い建物についてはこのような図面が作成されていないことが多いのが実情です）。

　金融機関の担当者の方はこの点に十分な留意が必要です。

　〈資料5-9〉は建物図面・各階平面図の一例です。

(3) 留意点

① 公図については既に述べた沿革を理解することが実務にも役立ちます。

② 不動産登記法第14条に定める地図と、隣接地所有者同士が境界立会いを行って作成した実測図とは、一応区別して考える必要があります。それは、前者の場合、国土調査法という法律に基づいて作成された地籍図が拠り所となっており、公的にも精度が保証された性格の図面であるためです。

　後者の場合も、隣接地所有者同士が境界立会いの上、相互に境界点を確認し、これを基に測量を行って作成した図面である点は何ら異議のない図面ですが、隣接者間で任意に作成された図面であるという点で、国土調査法に基づいて作成された地籍図と性格を異にしているといえます。

③ 地積測量図は、現行の登記実務では分筆時のみに提出が求められ、合筆時には提出不要とされている点に留意が必要です。

第5章 物件の基本的調査

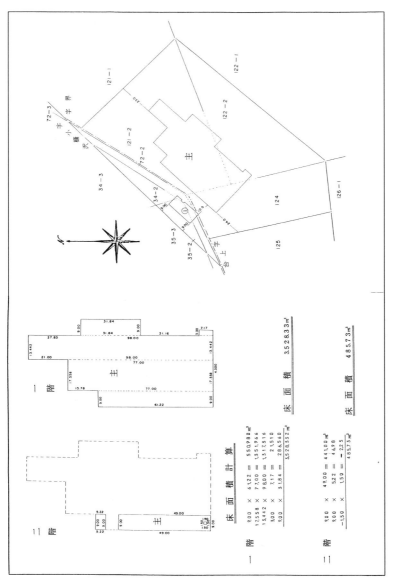

〈資料5-9〉建物図面・各階平面図例(ただし、記載事項の一部を抜粋)

第6章

道路の基本的な調査

1 道路調査の必要性

Q1 金融機関の担当者にとって、対象地だけでなく道路の調査が必要となる理由を説明してください。

A 道路は、日常、多くの人々によって無意識のうちに利用されていますが、これを建築基準法との関連でとらえたり、評価との関連でとらえようとする場合には、さまざまな観点からの調査が必要となります。すなわち、日頃道路と呼んでいる場所が建築基準法上の道路として扱われていなかったり、反対に外見上道路として利用されていない場所に公道が含まれていることもあるからです。

そして、調査の結果、対象地が建築基準法上の道路に接していないことが判明すれば、そこには建物の建築を行うことができません。

さらに、都市計画により地域ごとに容積率が指定されている場合でも、道路の幅員が狭い場合には建築基準法の規定（第52条第2項）に基づき、指定された容積率どおり敷地を使用できないケースも生じます。

○建築基準法
（容積率）
第52条　建築物の延べ面積の敷地面積に対する割合（以下「容積率」という。）は、次の各号に掲げる区分に従い、当該各号に定める数値以下でなければならない。（以下省略）
2　前項に定めるもののほか、前面道路（前面道路が2以上あるときは、その幅員の最大のもの。以下この項及び第11項において同じ。）の幅員が12メートル未満である建築物の容積率は、当該前面道路の幅員のメートルの数値に、次の各号に掲げる区分に従い、当該各号に定める数値を乗じたもの以下でなければならない。
一　第一種低層住居専用地域又は第二種低　　　　10分の4
　　層住居専用地域内の建築物

二　第一種中高層住居専用地域若しくは第二種中高層住居専用地域内の建築物又は第一種住居地域、第二種住居地域若しくは準住居地域内の建築物（前項第五号に掲げる建築物を除く）	10分の4（特定行政庁が都道府県都市計画審議会の議を経て指定する区域内の建築物にあっては10分の6）
三　その他の建築物	10分の6（特定行政庁が都道府県都市計画審議会の議を経て指定する区域内の建築物にあっては、10分の4又は10分の8のうち特定行政庁が都道府県都市計画審議会の議を経て定めるもの）

3～14（省略）

　上記規定によれば、例えば、ある住居系の用途地域で容積率が200％に指定されている場合であっても、前面道路の幅員が4mの場合には、実際には160％（＝4×4／10×100％）しか容積率を使用できないということになります（都市計画で指定された容積率は「指定容積率」と、建築基準法の制約を考慮した場合の実際に使用可能な容積率は「基準容積率」と呼ばれています）。

　このような理由により、不動産（特に土地）の調査に際しては道路関係の調査や確認が重要な作業となってきます。しかし、一概に道路とはいっても国道、県道、市町村道のような公道から、私人名義で所有されている私道（複数による共有のケースも多い）までさまざまです。特に、私道の場合には建築基準法上の道路として扱われているケースであっても、そのように扱われる根拠（すなわち、建築基準法第42条（趣旨は後掲）に規定されている道路の種類のうち、どれに該当するか）は、個々に異なっています。加えて、道路の外見のみによっては上記の判断を行うことができないことはいうまでもありません（そのため、市町村の道路課や建築課等での調査が必要とされるわけです）。

　さらに、特に私道の場合に留意しなければならない点は、道路の一部が分筆されていないケースも多く（したがって、公図を調べただけでは道路と判

断がつかない)、また、現況が単純な道であっても所有形態にはさまざまなものがあるということです(すなわち、一つの私道を一人が単独所有している場合、複数(時には大勢)の人が全体の土地を共有持分の形で所有している場合、それぞれの人が特定の範囲を定めて所有している場合等、個々のケースで異なっています)。

　以下、本章では、最初に建築基準法における道路の種類について概要を整理した上で、幅員の測り方についても取り上げます。

　これらの内容は道路に接する宅地の担保価値にも大きな影響があることを金融機関の担当の方々に知っておいてほしいと思います。

2 建築基準法上の道路の種類

Q2 金融機関の担当者が調査上念頭に置くべき建築基準法上の道路の種類について説明してください。

A 建築基準法によれば、都市計画区域および準都市計画区域内の建築物の敷地は、道路に2m以上接していなければならないとされています（ただし、自動車専用道路を除きます）。そして、その場合の道路とは幅員が4m以上で、次のいずれかに該当するものをいうとされています。また、特定行政庁がその地方の気候もしくは風土の特殊性または土地の状況により必要と認めて都道府県都市計画審議会の議を経て指定する区域内においては、幅員6m以上のものが対象とされます。

① 道路法による道路（通称「一号道路」）

建築基準法第42条第1項第一号に掲げられていることから、「一号道路」とも呼ばれています（以下、「二号道路」から「五号道路」まで、同様の扱い方となります）。

道路法による道路としては、具体的には高速自動車国道、一般国道、都道府県道、市町村道がこれに該当します。

② 都市計画法、土地区画整理法、都市再開発法等による道路（通称「二号道路」）

なかには、都市計画法に基づく開発行為により道路が新たに築造された後でも、これが私人名義で残されている（＝私道として扱われている）場合があります。このように、「二号道路」として扱われている道路のなかには公道だけでなく、私道も含まれていることがある点にも留意する必要があります。

③ 建築基準法第3章の規定が適用されるに至った際、既に存在していた

道（通称「三号道路」）

　建築基準法第3章の規定が最初に適用されたのは昭和25年11月23日であり、これ以前から存在していた道が対象となります。すなわち、上記①、②に掲げるものに該当しなくても、本項に該当し幅員が4ｍ以上あれば建築基準法上の道路とみなされることになります。

④　道路法、都市計画法、土地区画整理法、都市再開発法等による新設または変更の事業計画のある道路で、2年以内にその事業が執行される予定のものとして特定行政庁が指定したもの（通称「四号道路」）

　この規定によれば、現に存在する道路でなくても、上記のような具体的な計画段階に至っているものについては、建築基準法上道路として取り扱われることとなります。

⑤　土地を建築物の敷地として利用するため、道路法、都市計画法、土地区画整理法、都市再開発法等によらないで築造する政令で定める基準に該当する道で、これを築造しようとする者が特定行政庁からその位置の指定を受けたもの（通称「四号道路」または「位置指定道路」）

　このような道路の所有形態は私人名義（＝私道）であり、登記簿を調査した結果、権利部の甲区欄に共有持分〇〇〇〇〇分の〇〇〇というような形で所有者名が連なっているケースが典型的です。また、位置指定道路に接する宅地が売却された際には、道路の共有持分も併せて売却されることが通常であるため、以前の道路所有者の名義が抹消され、新しい所有者の名義に書き換えられる分だけ登記簿の記載も煩雑になっていることが多いといえます。

　なお、位置指定道路のイメージを〈資料6-1〉に掲げます。

⑥　建築基準法第42条第1項に掲げる区域（すなわち、特定行政庁がその地方の気候もしくは風土の特殊性または土地の状況により必要と認めて都道府県都市計画審議会の議を経て指定する区域）内に存在する幅員6ｍ未満の道で、特定行政庁が次のいずれかに該当すると認めて指定したもの

第6章　道路の基本的な調査

〈資料6-1〉位置指定道路のイメージ

公　　道		
宅地1		宅地6
〃 2		〃 7
〃 3		〃 8
〃 4		〃 9
〃 5		〃 10

■ 位置指定道路

　条文の順序からすれば、第42条第2項に該当する道が先となりますが、説明の便宜上、第4項に掲げられている道の説明をここで行っておきます。
　特定行政庁が上記の趣旨に基づき指定対象とすることのできる道は、次に掲げるものです。
1）周囲の状況により避難および通行の安全上支障がないと認められる道
2）地区計画等に定められた道の配置および規模またはその区域に即して築造される道
3）第1項の区域（＝上記を参照）が指定された際現に道路とされていた道
　なお、これらの規定は、幅員6m以上の道をもって建築基準法上の道路とみなす区域における例外規定であると理解しておく必要があります（さらに、上記1）、2）については、その適用が幅員4m以上のものに限られる旨が規定されていることに留意する必要があります）。
⑦　例外扱いの道路～幅員4m未満の道であっても道路とみなされる場合（通称「2項道路」）

幅員が4m未満であっても、現実に道路としての取扱いを受けている道は多く存在します。その根拠は建築基準法第42条第2項の規定に基づいています（通称「2項道路」と呼ばれる所以です）。

○建築基準法
（道路の定義）
第42条（抄）
2　この章の規定が適用されるに至った際現に建築物が立ち並んでいる幅員4メートル未満の道で、特定行政庁の指定したものは、前項の規定にかかわらず、同項の道路とみなし、その中心線からの水平距離2メートル（前項の規定により指定された区域内においては、3メートル（特定行政庁が周囲の状況により避難及び通行の安全上支障がないと認める場合は、2メートル）。以下この項及び次項において同じ。）の線をその道路の境界線とみなす。ただし、当該道がその中心線からの水平距離2メートル未満でがけ地、川、線路敷地その他これらに類するものに沿う場合においては、当該がけ地等の道の側の境界線及びその境界線から道の側に水平距離4メートルの線をその道路の境界線とみなす。

　敷地の前面道路が建築基準法第42条第2項に定める道路に指定されている場合、建替えの際には道路の中心線から2m後退する必要があります。
　建築基準法に規定する道路の幅員は最低4m必要とされることから、例外的に4m未満の道を認める場合でも、将来の建替えや新築時には幅員を4m確保すべきであるという考え方は極めて合理的であると考えられます。

第6章 道路の基本的な調査

3 道路幅員の測定方法

Q3 金融機関の担当者が心得ておくべき道路幅員の測定方法について説明してください。

A 道路の幅員を測定する場合に留意すべき点として、幅員には側溝を含むことを念頭に置く必要があります。そのイメージを示したものが〈資料6-2〉です。

〈資料6-2〉道路幅員の測定方法

道路の幅員のいかんにより都市計画で指定された容積率が使用できないということになれば、これに見合う分は土地価格の減額要素として作用します（この傾向は、容積率を目一杯活用して収益性の高い建物を建築する商業地の場合に顕著となります）。

また、容積率だけでなく、道路の幅員の相違は人や車の通行や荷物の運搬

等にも影響してくることがあり、主要な街路への接続状況のいかんも土地の価格に影響を与えます。
　金融機関の方々には、道路の幅員といっても漠然ととらえている方も多いのではないでしょうか。
　その意味で、道路幅員に側溝を含むかどうかという点で微妙に容積率が異なってくることも考えられるため、上記の点に留意が必要です。

4 43条ただし書きによる建築許可

Q4 金融機関の担当者が心得ておくべき43条ただし書きによる建築許可について説明してください。

A 敷地が建築基準法上の道路に接していないにもかかわらず、例外的に建物の建築が許可されているケースがあります（これがいわゆる「43条ただし書き許可」と呼ばれるものです）。以下、このようなケースに関する根拠条文を基に、調査上の留意点を解説します。

建築基準法によれば、以下のとおり、建築物の敷地は道路に2m以上接しなければならないこととされています。

○建築基準法
（敷地等と道路との関係）
第43条　建築物の敷地は、道路（次に掲げるものを除く。第44条第1項を除き、以下同じ。）に2メートル以上接しなければならない。ただし、その敷地の周囲に広い空地を有する建築物その他の国土交通省令で定める基準に適合する建築物で、特定行政庁が交通上、安全上、防火上及び衛生上支障がないと認めて建築審査会の同意を得て許可したものについては、この限りではない。
一～二　（略）
2　（略）

そこで問題となるのは「ただし」以降の規定との関連です。この規定に基づいて例外的に建築物の建築が許可される場合を、上記のとおり「43条ただし書き許可」あるいは単に「ただし書き許可」などと呼んでいます（通称）。

この規定から察せられるとおり、例外規定が適用されるためには敷地が必ずしも道あるいは通路のようなものに接する必要はなく、敷地の周囲に広い

空地がある場合にも建築許可の対象として扱われるということになります。

次に、「国土交通省令で定める基準」に適合する建築物とはどのようなものであるかが問題となりますが、これについては建築基準法第43条第1項の規定を受け、同法施行規則第10条の2の2では次の規定を置いています。

○建築基準法施行規則
（敷地と道路との関係の特例の基準）
第10条の2の2　法第43条第1項ただし書の国土交通省令で定める基準は、次の各号のいずれかに掲げるものとする。
一　その敷地の周囲に公園、緑地、広場等広い空地を有すること。
二　その敷地が農道その他これに類する公共の用に供する道（幅員4メートル以上のものに限る。）に2メートル以上接すること。
三　その敷地が、その建築物の用途、規模、位置及び構造に応じ、避難及び通行の安全等の目的を達するために十分な幅員を有する通路であって、道路に通ずるものに有効に接すること。

調査の対象とする建物が「43条ただし書き許可」の規定に基づいて建築されている場合、再建築時の制約や許可に要する時間・費用等をどの程度まで土地価格に反映（減額）させることが適切であるかという問題が生じます。

一概に「43条ただし書き許可」によって建築されているとはいっても、敷地とこれが接する空地や道（通路）の状況によっては減価の必要を認めないというケースもあり得ますが、反対に減価要因を大きく織り込まなければ実態的でないというケースも考えられます。

不動産の評価という観点に立った場合、建築行政とは別に、このような視点から「43条ただし書き許可」によって建物が建築されているケースを分析することが、その土地の評価額がどれだけ現実の時価を反映しているかを検証する手段として有用と思われます。

金融機関の方々が担保価値を把握するに当たっては、このような視点からのとらえ方も重要となります。

第7章

不動産評価上の特殊な減価要因と価格への影響

1　土壌汚染物質と価格への影響

Q1　土壌汚染物質の価格への影響度を判断する際に、どのような点に留意すればよいでしょうか。

A　汚染物質を含む土地の評価については、現時点では確定的な手法は存在しませんが、実務では、土壌汚染がないものとした場合の価格から浄化費用および心理的嫌悪感による減価（スティグマ）を控除して土地価格を求める手法が多く用いられています。ただし、本来的にあるべき手法も視野に入れておく必要がありますので、本項では本来あるべき理論的な手法と現段階で実務的に適用し得る手法とを区別しつつ、その考え方を述べておきます。

1．理論的に考え得る手法

不動産鑑定評価基準でも土壌汚染地の評価のための特別な方法は定められていません。このため、理論的には以下の方法が考えられます。

なお、これらの手法の基本的な考え方については第8章で改めて取り上げるため、ここでは土壌汚染地の価格を求めるに当たっての一つのイメージという意味合いでとらえていただければ結構です。

(1) 原価法

土壌汚染地の価格は、土壌汚染がないものとした場合の価格から、汚染の浄化費用およびスティグマを控除して求めます。また、対策措置の内容により土地の利用制限（使用収益の制限）を伴う場合はその分の減価も必要となります。

　　土壌汚染地の価格＝土壌汚染がないものとした場合の価格－浄化費用
　　　　　　　　　－心理的嫌悪感による減価（スティグマ）－ a

　a：利用制限を伴う場合にはその分の減価

○ **特徴と問題点**
① 土壌汚染がないものとした場合の価格は従来の評価手法で求められますが、浄化費用に関しては、現在のところ標準的なものがなく、専門機関の見積りによらざるを得ません（しかもその結果には幅が生ずると考えられます）が、控除額を定量的な数値としてとらえることができるため、実務的には適用しやすいといえます。

　　　ただし、浄化費用が極めて多額となり、汚染前の土地価格を上回るというケースも生じ得ます（その場合でもマイナスの評価額というものは考えにくく、この手法による下限値はゼロといえます）。
② スティグマは人間の心理的要素に係わるものであるだけに、定量化が難しいという問題があります。
③ 浄化措置でなく封じ込め措置を前提とした価格を求める場合の問題点
　　土壌汚染地の評価を行う場合の減価要因としては浄化費用とスティグマの２つが考えられていることは上記のとおりですが、封じ込め措置（注１）等を前提とする場合は、汚染のない場合の価格から、少なくともその措置を適用することによって生ずる土地利用阻害による減価を考量する必要があるとされています。その理由は、汚染土壌の措置として汚染の除去以外の方法を実施した場合、その措置の機能を維持するために土地の利用制限が生ずることから、これに見合う減価を織り込む必要があることによります。

　　（注１）封じ込め措置の場合、工法上有害物質は敷地内から除外されないため対策費用は浄化措置よりも割安となります。

(2) **取引事例比較法**
　汚染物質を含んだ土地の取引事例を収集し、これと対象地の価格形成要因を比較することにより、土壌汚染地としての価格を求める手法です。
○ **特徴と問題点**
　土壌汚染地の取引事例の収集は現実に困難です。それは、汚染物質を含んだ状態での土地取引が極めて少ないと思われることに起因します。

売買に伴う土壌調査の際、仮に汚染物質が発見された場合には、土地所有者は浄化費用を控除した金額で現状有姿にて売却することもありますが、現実には除去等を実施した上で売却および引渡しを行うことが多いと考えられるためです。

また、通常の土地取引と異なり、土壌汚染地の取引が社会に与える影響等を鑑みれば、このような土地の取引情報の収集には限界があると考えられます。

(3) 収益還元法

収益還元法では、建物の賃貸によって得られるであろうと期待される総収益からこれに係る諸経費（総費用）を控除して土地建物に帰属する純収益を求め、これから建物に帰属する純収益を控除した残余を土地の還元利回りで還元して土地の収益価格（更地価格）を求めます。

　　土壌汚染地の価格＝土地に帰属する純収益÷土地の還元利回り

○特徴と問題点

① 土壌汚染地上の建物の賃貸事例やその相場を把握することは現実的に困難と考えられます。

② また、賃貸に伴う必要諸経費の査定に当たっても、汚染土地上に存する建物の入居率、環境関連の特別経費の計上の有無や程度を織り込むことが必要となりますが、現時点では客観的な指標がありません。

③ さらに、土壌汚染地の利回りを実務的に客観的なものとしてとらえることも困難です。

2．実務的に適用可能な手法

以上述べたことから、現時点では上記1．(1)の原価法が実務的に適用可能な手法といえます。この手法による場合、土壌汚染がないものとした価格を取引事例比較法等を適用して求め、これから浄化費用等を控除して土壌汚染地の価格を求めるという考え方となります。

この手法による土壌汚染地の価格の算定例を〈資料7-1〉に示します。

第7章　不動産評価上の特殊な減価要因と価格への影響

〈資料 7-1〉汚染物質を含んだ土地の価格算定例

(A) 汚染がないものとした場合の土地価格	(B) 汚染処理費用相当額	(A) − (B) 汚染費用控除後の土地価格 （＝汚染がある状態での土地価格）
350,000,000 円	50,000,000 円	300,000,000 円

（注）本算定例では、対象地が工業専用地域内にあること、浄化措置による汚染対策を前提としていること等からスティグマおよび利用制限による減価は織り込んでいません。

2　埋蔵文化財と価格への影響

Q2　埋蔵文化財の価格への影響度を判断する際に、どのような点に留意すればよいでしょうか。

A　対象地が周知の埋蔵文化財包蔵地に指定されており、しかも、開発の際に発掘調査が必要と判断された場合には、土地所有者に多額の発掘調査費用が生ずることが予想されます。このような場合、当該事情をどの程度土地の評価額に反映（減額）すべきか否かが問題となります。

　埋蔵文化財包蔵地の指定を受けた土地が実際に相続の対象となり、相続税の納税者と課税庁との間で評価額をめぐり見解の相違が見られた事例があります。これが担保価値の査定にも参考になると思われます。

　本項では相続税の財産評価を例に、埋蔵文化財包蔵地の指定を受けた土地と土地の価値の関係について検討します。

　まず、相続税の財産評価に適用される財産評価基本通達では、埋蔵文化財包蔵地についてどのように取り扱っているのでしょうか。

1．財産評価基本通達の規定

　財産評価基本通達では、埋蔵文化財の発掘調査費用を土地価額に反映させるべきか否かにつき何らの規定を設けていません。このような事情も手伝い、従来、課税庁においても発掘調査費用の取扱いに関し明確な考え方を示してこなかったと推察されます。

2．評価方法に関して納税者と課税庁の見解が分かれた事例

　以下に紹介する事例では発掘調査費用の見積額が多額に上ったことから、これを土地価額から控除すべきだと主張する納税者と、対象地は発掘調査を

第7章　不動産評価上の特殊な減価要因と価格への影響

実施しなくても利用可能な土地であるからこれにかかる費用を控除する必要はないと主張する課税庁の主張が分かれ、その結果、国税不服審判所の裁決に委ねられました。

◆裁決事例の紹介

　国税不服審判所裁決（東京支部・平成20年9月25日裁決）（注2）では、相続税申告の対象となった土地が埋蔵文化財包蔵地に指定されており、土地の評価額の算定に当たり発掘調査費用の80％相当額を控除して評価することが相当とする旨裁決を下しています。

　（注2）国税不服審判所ホームページ（「裁決事例集 No.76、307頁」）

　ここで、「発掘調査費用の80％相当額を控除」としている理由は、控除前の相続税評価額の水準が公示価格（これを時価に近いものとみなした場合）の80％を目安に算定されていることから、控除する費用も実際の見積額の80％とするのが合理的であると判断されたためです。当該裁決では次の2つが争点となりました。

① 埋蔵文化財包蔵地である本件の土地の評価に当たって、埋蔵文化財の発掘調査費用を控除すべきか否か。
② 埋蔵文化財包蔵地である本件の土地の評価に当たって、埋蔵文化財の発掘調査期間（請求人主張27年間）を考慮すべきか否か。

　なお、裁決の対象となった土地（全体面積約42,000m^2）は、市街化区域内にある現況山林であり、用途地域は第1種中高層住居専用地域、建ぺい率60％、容積率200％の地域内にあります。また、対象地は現況山林であるものの、路線価地域内にあり、財産評価基準書に定める地区区分は普通住宅地区で、その接する街路に応じて75,000円/m^2から77,000円/m^2の路線価が付されています。そして、対象地一帯はA貝塚として知られており、過去数回にわたり埋蔵文化財の確認調査が行われ、貝塚や住居跡等の遺跡の存在が確認されています。

　また、教育委員会からの回答によれば、発掘調査費用は概算○億円、調査期間は約200か月（ただし、発掘調査を1人の調査職員で対応した場合）と

されています。本件裁決結果を要約すれば以下のとおりです。
○裁決結果

①に関して：
　対象地は宅地として利用される地域に所在し、相続税の評価においても、市街地山林であることから、宅地化を前提として評価される土地である。そして、対象地は周知の埋蔵文化財包蔵地に該当すると認められるＡ貝塚の区域内に所在し、実際に貝塚部分が存在していることから、宅地開発に係る土木工事等を行う場合には文化財保護法第93条の規定に基づき、埋蔵文化財の発掘調査を行わなければならないことは明らかである。しかも、発掘調査費用は、土地所有者（事業者）が負担することとなり、その金額も約○億円もの高額になる。そうすると、本件埋蔵文化財の発掘調査費用の負担は、一般的利用が宅地であることを前提として評価される対象地の場合、価額（時価）に重大な影響を及ぼす対象地固有の客観的な事情に該当すると認められる。このため、発掘調査費用の見積額の80％（注3）を控除して評価するのが相当である。

（注3）相続税評価額が時価の80％相当額で算定されていることとのバランス上、これから控除すべき費用も見積額の80％と査定されています。

　また、この考え方は土壌汚染地の評価方法を準用するものである。すなわち、対象地は発掘調査費用の負担が見込まれる土地であるところ、かかる負担は、土壌汚染地について、有害物質の除去、拡散の防止その他の汚染の除去等の措置に要する費用負担が法令によって義務付けられる状況に類似するものと認められる。

　土壌汚染地の評価方法については、課税実務上、土壌汚染がないものとして評価した価額から、浄化・改善費用に相当する金額等を控除した価額による旨の取扱いをしている。これは、土壌汚染地について、土壌汚染対策法の規定によってその所有者等に有害物質の除去等の措置を講ずる必要が生じその除去等の費用が発生することなどの要因が、当該土壌汚染地の価格形成に影響を及ぼすことを考慮したものであり、この取扱いは当審判所においても相当と認められる（対象地に存する固有の事情の考慮はこれに準じて行うことが相当と認められる。対象地の評価の基礎となる路線価は、地価公示価格水準の80％程度で評定されているが、土壌汚染地の評価において評価上控除する「浄化・改善費用に相当する金額」は見積額の80％相当額とされており、

価格水準のバランスが取られている)。ただし、土壌汚染地と異なり、使用収益制限による減価および心理的な嫌悪感から生ずる減価の要因はないと認められるので、発掘調査費用について考慮すれば足りる。
②に関して：
　開発工事等において新たな遺跡等を発見し、文化庁長官へ届出をした場合において、文化庁長官は、最長6か月を超えて開発工事等の停止または禁止を命ずることができない。さらに、請求人が審判所に提出した不動産鑑定士作成の報告書には、対象地における発掘調査期間が6か月と見積られていることから、発掘調査期間は6か月程度であると解するのが相当である。

3．埋蔵文化財の価格への影響度

　上記裁決事例では、対象地に係る埋蔵文化財の発掘調査費用の負担が、土地の価値をとらえるに当たり、所要の考慮（減額）を検討するのが相当と認められる事情がある旨判定されています。ここが大きなポイントであり、先例として他のケースにも応用がきくものと考えられます。
　そして、発掘調査費用を控除する根拠付けとして、土壌汚染地の評価の考え方を準用しているところに大きな特徴があります。
○土壌汚染地の評価の考え方
　　土壌汚染地の評価額
　　＝汚染がないものとした場合の評価額－浄化・改善費用に相当する金額
　　－使用収益制限による減価に相当する金額
　　－心理的要因による減価に相当する金額
　上記算式と埋蔵文化財包蔵地の指定を受けている土地の評価額算定の考え方を対比させたものが〈資料7-2〉です（埋蔵文化財包蔵地の指定を受けている土地の場合、発掘調査費用のみを控除している点が特徴的です）。

〈資料7-2〉対比図

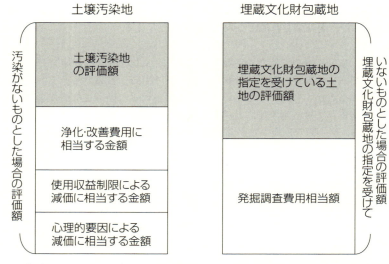

（注）上記の図はイメージを示すものであり、浄化・改善費用等や発掘調査費用相当額のいかんにより最終的な評価額は異なってきます。

4．他の評価基準における埋蔵文化財包蔵地の評価額の扱い方

　不動産鑑定評価基準（総論第3章第3節）においても、埋蔵文化財の有無については価格形成要因の考慮項目に掲げられています。その際、対象地が埋蔵文化財包蔵地内に所在しないことが明らかであれば、土地価格への影響はとりあえず考慮する必要はないといえます。しかし、教育委員会への照会の結果、対象地が遺跡の範囲内に所在することが判明した場合には、価格への影響度を十分に検討する必要が生じます。そして、場合によっては、試掘や確認調査だけでなく、（裁決事例に掲げたように）発掘調査を実施するための費用が発生したり、工事計画の程度によってはその見直しや中止を余儀なくされることもあり得ます。

　金融機関の方々が埋蔵文化財包蔵地の担保価値を査定するに際しても、いままで述べてきた考え方が十分に活用できるのではないでしょうか。

3 地下埋設物（基礎杭、産業廃棄物等）の価格への影響

Q3 地下埋設物の価格への影響度を判断する際に、どのような点に留意すればよいでしょうか。

A 一概に地下埋設物が存在するといっても、その影響度は状況により異なってくると考えられます。すなわち、対象地に低層戸建住宅のような建築物を建築する場合と、中高層マンションを建築する場合とでは、基礎工事を行うため地中に埋設されている障害物を撤去する必要があるか否かにより土地利用への支障度が異なってきます。

このことを理解するために、実際に紛争となった事例を掲げ、それに対して裁判所がどのような判断を下したかを紹介しておきます。

○実際の紛争例（東京地裁平成10年11月26日判決、判例時報第1682号60頁）

1．事　案
(1) マンション用地として土地の売買契約が締結されたが、地中に埋設基礎等の障害物が存在し、土地に隠れた瑕疵が認められた事例
(2) 上記瑕疵による損害として障害物の撤去費用相当額の損害が認められた事例

2．事実関係と要旨
(1) 買主（X）は、売主（Y）からマンションの建築を目的として対象地を購入しました。ところが、後日、地中に杭および地中埋設基礎が発見されたことから、買主は売主に対し、売買の目的物である対象地には隠れた瑕疵があるとして、障害物の撤去費用相当額の損害賠償請求をしました。

(2) これに対して、売主は、本件障害物は低層建物を建築する上では何ら問題となるものではないこと、そして、中高層建築物を建築するという買主固有の事情があってはじめて障害となるものである旨主張しました。さらに、損害額についても買主が障害物の撤去費用相当額を請求したのに対し、売主は費用をかけて撤去しなくとも低層建物の建築を要望する者に同等の金額で売却できることを理由に、その支払いを拒否しました。

　これに対し、審理に当たった裁判所は、売主は当初から買主に中高層マンションの建築計画があることを知っていたこと、売主から買主に示された図面には本件障害物について何らの記載がなかった旨認定しました。

　その結果、裁判所は、対象地は中高層マンション建築予定地として通常備えるべき性状を備えていないとして売主の瑕疵担保責任を認めました。

　地下埋設物が存在するからといって低層建物を建築する上では必ずしも障害となるとはいえませんが、この判決に特徴的な点は、本件の場合、中高層マンション建築を目的とする土地売買であったことが当初から明らかであったことを裁判所が認めた（売主の瑕疵担保責任）ところにあります。

3．価格への影響度の判断に当たって

　本件事案の場合、買主は当初基礎杭の位置を確認しているものの、契約締結後、実際に建物の解体工事を進める段階で、当初の図面には一切記載されていない多数のPC杭や二重コンクリートの耐圧盤等の地中埋設物が発見されています。そして、対象地に中高層マンションを建築しようとすれば、基礎工事に当たり地中埋設物の撤去費用として約3,000万円以上を要するものと裁判所が認定しています。

　このようなことを考慮すれば、対象地上に中高層マンションを建築することが近隣環境、容積率の活用等から最もふさわしい（注4）と判断される場合、これが実現できないことによる損失分だけ土地価格が低下すると考えることには合理性があります。

　　（注4）鑑定評価では、このことを最有効使用と呼んでいます。

第7章 不動産評価上の特殊な減価要因と価格への影響

　金融機関の担当者が担保評価上のリスクを考慮する際には、単に近隣相場や近隣取引事例を分析するだけでなく、上記のことも十分念頭に置く必要があります。

4 アスベスト使用建物の価格への影響

Q4 アスベスト使用建物の価格への影響度を判断する際に、どのような点に留意すればよいでしょうか。

A アスベストによる健康被害に係る問題については平成17年7月以降政府部門において「アスベスト問題に関する関係閣僚会合」が開催され、同年12月27日に「アスベスト問題に係る総合対策」が取りまとめられました。この総合対策には、今後、石綿の飛散等による人の健康または生活環境に係る被害を未然に防止するための対応として大気汚染防止法等の改正が織り込まれました。

このような経緯を踏まえ、「石綿による健康等に係る被害の防止のための大気汚染防止法等の一部を改正する法律」が制定され、平成18年2月10日に公布、平成18年10月1日に施行されています。

また、大気汚染防止法の一部改正では、石綿粉じんによる大気汚染の防止を徹底するため、石綿が使用されている「建築物」に加え、石綿が使用されている「工作物」についても、解体作業等による石綿粉じんの飛散を防止する対策を義務付けることとなりました。

さらに、建築基準法の一部改正では、吹付け石綿等、石綿を飛散させる危険性があるものについては、今後、石綿の飛散による健康被害が生じないよう、建築物および工作物における石綿の使用に係る規制が導入されています（注5）。

　（注5）（財）不動産流通近代化センター「不動産従業者のための法令改正と実務上のポイント」平成22年3月

このように、アスベストとの関連では大気汚染防止法と建築基準法との両面からとらえる必要があります。その骨子を要約すれば以下のとおりです。

第7章　不動産評価上の特殊な減価要因と価格への影響

(1) 大気汚染防止法との関連

　アスベストが使用されている建築物に加えて、これが使用されている工作物についても、解体作業等による粉じんの飛散を防止する措置が義務付けられている点に留意が必要です。

(2) 建築基準法との関連

　① 石綿の建築物への使用禁止
- 建築材料に石綿その他著しく衛生上有害なものとして政令で定める物質（これらを合わせて石綿等という）を添加することの禁止
- 石綿等をあらかじめ添加した建築材料を使用することの禁止（ただし、石綿等を飛散または発散させるおそれがないものとして国土交通大臣が定めたものまたは国土交通大臣の認定を受けたものを除く）

　② 既存建築物に対する取扱い
- 本法の施行日（平成18年10月1日）に既に存する建築物または現に建築、修繕もしくは模様替えの工事中の建築物等については本法は適用されない。しかし、増築または改築に係る部分の床面積の合計が工事前の延べ面積の2分の1を超える場合には、石綿または石綿等をあらかじめ添加した建築材料を使用することが禁止される。

    また、大規模の修繕や模様替えに係る部分にも石綿または石綿等をあらかじめ添加した建築材料を使用することが禁止される。

    （この他にも制限がありますが詳細は略します）

　上記視点より、価格を求める際には、まず対象建物にアスベストが使用されているか否かを判断し、使用されている場合にはその影響が建物取壊し時に顕在化してくることを考慮し、建物を継続使用することが最有効使用であれば特段の減価は必要ないものと思われます。

　また、アスベストが使用されていることを減価要因として考慮する際には、それが撤去費用にどのように影響するかという視点で織り込むことが合理的であると思われます。

　鑑定評価においても建物の価格に影響する個別的要因として、「有害な物

質の使用の有無及び状態」があげられていますが、これに関する分析結果の一例（鑑定評価書の記載例）を以下に示します（注6）。

(3) 有害な物質の使用の有無及びその状態

> アスベスト含有吹付材について竣工図、施工記録、建物の目視調査及び立会者（建物所有者、依頼者）へのヒアリングによる結果、その使用はない。成形材については、アスベストが含まれている可能性が否定できないが、現状破損個所等はない。建物取壊し等の際にはその対応が必要となる可能性があるが、対象不動産の最有効使用は継続使用であるので、アスベストについては価格形成要因から除外する。

（注6）（公社）日本不動産鑑定士協会連合会「実務修習・指導要領テキスト」2012年11月

　なお、参考までに、宅地建物取引主任者（平成27年4月1日から宅地建物取引士に名称変更）が行う重要事項説明においても、石綿の使用の有無に関する調査記録が保管されているか否か、これが記録されているときはその内容（調査の実施機関、調査の範囲、調査年月日、石綿の使用の有無、使用箇所）を説明することが義務付けられています。そして、これに関する説明は、建物の売買・交換、建物の売買・交換の代理または媒介、建物の貸借の代理または媒介を行う際に必要となります。

　その際の取扱いに関して留意すべき点は、宅地建物取引業者には石綿の調査記録が保存されているか否かの確認が求められるということであり、石綿の調査の実施までを宅建業者に義務付けているわけではないということです。

　このように、アスベストの有無は建物の価値に関連してきますので、その取引においても留意を払う必要があります。

　また、金融機関の方が重要事項説明書に目を通す際、石綿については上記のように取り扱われている点に留意してください。

第7章 不動産評価上の特殊な減価要因と価格への影響

5 PCB(ポリ塩化ビフェニル)使用建物の価格への影響

Q5 PCB(ポリ塩化ビフェニル)使用建物の価格への影響度を判断する際に、どのような点に留意すればよいでしょうか。

A PCBが人体に悪影響を及ぼすことは既に述べました。このため、建物内にPCBが保管されている場合、そのような状況にない建物と比べて減価要因としてとらえる必要があります。その際、専門機関にPCB廃棄物の処理料金を照会する等の方法が考えられます。

PCB使用建物の価格への影響度について定量的に示された指標は存在しませんが、処理費用相当額を見積り、これを通常の評価額から控除する方法が合理的であると思われます。

アスベストの項でも述べましたが、鑑定評価では建物の価格に影響する個別的要因として、「有害な物質の使用の有無及び状態」をあげていますが、これに関する分析結果の一例(鑑定評価書の記載例)を以下に示します(注7)。

○有害な物質の使用の有無及びその状態

> △△市環境課によるとPCBの処分及び保管の届出はない。実地調査及び管理者へのヒアリングでもPCB含有機器等が存在しないことを確認した。

(注7)(公社)日本不動産鑑定士協会連合会「実務修習・指導要領テキスト」2012年11月

上記のような調査を行い、仮にPCBの処分および保管の届出がなされていることが判明した場合は、報告書にその旨の記載を行い、事実を明らかにする必要があります。

6　災害発生危険区域等と価格への影響

Q6　災害発生危険区域等の価格への影響度を判断する際に、どのような点に留意すればよいでしょうか。

A　1．災害発生危険区域および急傾斜地崩壊危険区域

　一般の宅地であっても都市計画法、建築基準法等の規制を受けることはもちろんですが、法律上の規制の点から減価の対象とされるのは災害発生危険区域や急傾斜地崩壊危険区域内にある宅地など、通常の宅地と比べて個別性の強い宅地です。

　減価に際しては、物理的な面だけでなく、洪水、地すべり等の危険性をもつ地域内の不動産に対する需要が少ないことを考慮する必要があります。

　また、丘陵地等の急斜面を切り盛りして造成した住宅地域については、減価を検討する際、崖くずれの危険性を十分検討する必要があります。

　参考までに、補正率の目安については、鑑定評価に適用される「土地価格比準表」（標準住宅地域）に「洪水、地すべり、高潮、崖くずれ等」の災害発生の危険性を伴う場合に適用される格差率の目安が〈資料7-3〉のとおり示されていますが、当該土地の実情に照らしてさらに減価率を大きく設定する必要が生ずる場合も考えられます（減価率は、災害発生危険区域内にある土地と急傾斜地崩壊危険区域内にある土地とのバランスを考慮して検討する必要があります）。

2．津波災害警戒区域

　東日本大震災の後に施行された津波防災地域づくりに関する法律（平成23年12月27日施行）では、警戒避難体制を特に整備すべき土地の区域を津波災害警戒区域として指定することができるとされています。

第7章　不動産評価上の特殊な減価要因と価格への影響

〈資料 7-3〉土地価格比準表

標準住宅地域　洪水・地すべり等の災害発生の危険性

対象地域 基準地域	無	有			
		小さい	やや小さい	やや大きい	大きい
無	0	▲1.0	▲2.5	▲4.0	▲5.0

無　　　　　災害の発生の危険性が一般的に殆どない地域
小さい　　　災害の発生の危険性が一般的に小さい地域
やや小さい　災害の発生の危険性が一般的にやや小さい地域
やや大きい　災害の発生の危険性が一般的にやや大きい地域
大きい　　　災害の発生の危険性が一般的に大きい地域

（出所）地価調査研究会編「土地価格比準表」（六次改訂）住宅新報社

　この法律の施行に伴い、同日付で宅地建物取引業法施行規則が改正され、取引対象となる物件が当該区域内にあるときは、その旨を取引の相手方に重要事項として説明することが必要となっています。また、平成24年6月13日には津波災害特別警戒区域についての規定も追加されており、対象地がこの区域指定を受けた場合には、一層の減価要因を織り込む必要があります。

　なお、当該区域が津波災害警戒区域として指定されているか否かの確認は物件の所在する都道府県にて行うことになります（その際、都道府県庁に出向くか、都道府県の公報やインターネットにより確認を行います）。

　参考までに、国土交通省のホームページには津波災害警戒区域に関する重要事項説明の方法（〈資料7-4〉参照）とその記載例（〈資料7-5〉参照）が示されています。

　津波災害警戒区域の価格への影響度を検討する際には上記のことを考慮する必要があります。

　また、金融機関の方が重要事項説明書を入手した際には上記の記載欄の内容に目を通すと役立ちます。

〈資料7-4〉津波災害警戒区域と重要事項説明

Q：津波災害警戒区域として将来指定がされそうな海岸付近の物件等については、どのように重要事項説明を行えば良いのですか？

A：宅地建物取引業法施行規則第16条の4の3第3号は「当該宅地又は建物が（中略）津波災害警戒区域内にあるときは、その旨」という形になっていますので、取引時に津波災害警戒区域としての指定がなされていない場合には説明を行う義務はありません。
　但し、法施行後間もない制度ということもありますので、上記のケースにおいては、必要に応じて取引の相手方等に「都道府県知事が津波災害警戒区域を指定するという制度があるが、法施行後間もないことから（都道府県内では）、現時点では未指定であるものの、今後都道府県が区域を指定する可能性はある」旨を説明等することが、取引上のトラブルを防止する観点から望ましいと考えられます。（中略）
（国土交通省の）雛型では、「区域内」か「区域外」のいずれかにチェックを付ける形としていますが、「区域外」に該当する取引の場合は、チェックを入れるだけで説明を省略した場合には、法施行後間もないことから、将来にわたって確実に「区域外」の状態が続くとの誤解を招くおそれもありますので、必要に応じて上記のように説明をして頂くとともに、備考欄を設けて説明内容を記載していただくことが望ましいと考えられます。（以下省略）

（出所）国土交通省ホームページ

第7章　不動産評価上の特殊な減価要因と価格への影響

〈資料7-5〉取引の対象物件が津波災害警戒区域外（都道府県内未指定時）の場合の重要事項説明書の記載例

○「宅地建物取引業法解釈・運用の考え方」に基づく重要事項説明書様式

重 要 事 項 説 明 書
（　　　　　　）

I　対象となる宅地又は建物に直接関係する事項

　8　当該宅地建物が津波災害警戒区域内か否か
　　※区分所有建物の売買・交換に係る重要事項説明書の様式の番号は「9」となります。

| 津波災害警戒区域内 | 津波災害警戒区域外 |

【記載例】※重要事項説明書に別途、欄を設けて記載下さい。
　津波災害警戒区域については、津波防災地域づくりに関する法律（平成23年12月27日施行）第53条第1項の規定に基づき、都道府県知事が警戒避難体制を特に整備すべき土地の区域として指定をすることができるとされています。
　津波災害警戒区域については、法施行後間もない制度であることから、○○都道府県内は現時点では未指定の状況ですが、本物件に係る区域については、今後、○○都道府県から当該区域として指定される可能性があります。

（出所）国土交通省ホームページ

7 海岸保全区域・港湾隣接地域と価格への影響

Q7 海岸保全区域等に指定されている土地の価格への影響度を判断する際に、どのような点に留意すればよいでしょうか。

A 対象地が海岸法に基づく海岸保全区域に指定されている場合、いくつかの利用制限を受けることは既に述べましたが、その反面、防潮堤の設置により津波被害から逃れる可能性が増すことも事実です。したがって、一概に利用制限を受けることによる価値のマイナス面だけを取り上げることができない点に難しさがあります。

ただ、一般的に考えられることは、海岸保全区域に指定されている土地は海岸法による利用制限のない土地に比べて建築可能な建物の用途が狭められるという側面を有しているという点です。

土地の価値は、用途の多様性が認められる場合にはそれなりの水準に形成されるため、海岸保全区域に指定されていることにより、それが最有効使用に与える支障の程度を判断して価値を見極めるということになります（ちなみに、海岸保全区域に指定されている土地の範囲が全体面積に比べて僅少であれば、価値のマイナスにもほとんど影響はないと考えられます）。

また、港湾法に基づく港湾隣接地域に指定されている土地の場合、一定の行為制限は課されますが、建築行為が制限されることはありませんので、当該地域の指定を受けていることによる減価は考慮する必要はないと考えられます。

第7章　不動産評価上の特殊な減価要因と価格への影響

8　境界線上に越境物がある土地や筆界（境界）が確認できない土地と価格への影響

Q8　隣接地からの越境がある土地や筆界未定地の場合、価格への影響度を判断する際にどのような点に留意すればよいでしょうか。

A　土地の価格は、その土地の有する経済的な価値とともに個々の面積を基礎としていることは改めていうまでもありません。しかし、価格を求める過程では、ともすれば価値的な側面に関心が注がれ、面積は既に固定して動かないものとして受け止められています。

　ただ、そこには一つの問題が生じます。それは、評価を行う際に査定する単価が適切なものであったとしても、対象となる面積に信憑性が欠けたり、あるいはこれが実態を反映していなければ、結果的に求められる金額が不適切と言わざるを得ないからです。

　その意味で、隣接地からの越境がある土地や筆界未定地の場合、有効に利用できる土地の範囲に影響を及ぼすことがあればこれを減価要因としてとらえる必要があります。金融機関の融資担当者は特に留意したいところです。

1．隣接地からの越境がある土地の場合

　既に述べましたが、このような場合、土地の売買に当たっては契約締結に先立って越境物を撤去したり、あるいはそれが難しい場合には隣接者との間に覚書を取り交わすことによって取引を行うことが通常です。

　このような措置を取ることにより、不動産の価値自体に影響を与えるケースは少ないのですが、なかにはその解決が困難なことから、有効に利用できる土地の範囲に影響を及ぼす減価要因としてとらえざるを得ないこともあります。

211

2．筆界未定地の場合

　土地の評価に当たっては、その境界線の細かなところまで意識せず作業を行っているというのが正直なところであると思います。その前提として、登記簿や公図を確認の上、評価対象数量は登記簿記載数量に基づくとか、実測図記載の数量に基づくというような条件をあらかじめ確認することとなります（そこでは、土地の境界についての紛争はないことを暗黙の前提としているといえましょう）。しかし、本項で取り上げているようなケースに遭遇した場合、安易に価値を査定することにはリスクを伴うと考えられます（市場性減価の検討が必要となります）。

　また、そもそもこのような土地は担保の適格性に欠けています。

第7章　不動産評価上の特殊な減価要因と価格への影響

9　区分地上権が設定されている土地と価格への影響

Q9　地下阻害物の価格への影響度を判断する際には、どのような点に留意すればよいでしょうか。

A　地下鉄道をはじめ地下阻害物が存在する土地の場合、建物の建築ができなくなるわけではありませんが、これらの構築物が存在することにより地上の建物や工作物の荷重制限を受け、その結果、建物の構造や建築可能階層等に影響を与える場合があります。

　区分地上権が設定されている土地の評価に際しては、このような観点から相応の減価が必要とされるケースが多く、また、その減価に見合う額については事業者から土地所有者に対し補償金という形の一時金が支払われるのが通常となっています。

　なお、地下阻害物が存在する宅地は、区分地上権等の設定契約の内容に基づいて減価の要因が生ずることから、土地利用上の阻害の程度は契約内容によって左右されるということになります。このため、鑑定評価の場合のように土地の評価を詳細に行うことが必要な際には、区分地上権設定契約の内容を基に対象地の利用が制約される程度を判断した上で土地利用制限率というものを査定し、これを考慮して対象地の価格を求めるという方法が採用されています。

　しかし、この手法は専門的であり、簡便的に評価を行いたいという場合は別の方法を採用することがあります。例えば、地下阻害物が全体面積に占める割合とか、地下阻害物の深度等から判断して減価が必要かどうか、必要な場合にはその程度をあらかじめ定めておくことが効率的かつ合理的であるといえます。このような観点から定めた減価率表の一例を以下に掲げます。

○減価率の例〜地下阻害物により利用制限を受けている土地の評価
① 「地下阻害物」とは、次に該当するものをいいます。
　　A　地下鉄道構築物
　　B　上水道施設
　　C　公共下水道施設
　　D　堤防護岸タイロッド
　　E　地中電線路
② 地下阻害物により利用制限を受けている土地について、当該阻害物により価額に影響があると認められる場合は、当該土地の面積に占める地下阻害物のある部分の投影面積の割合（「投影面積割合」という）に応じて、次に定める減価率表により求めた減価率を適用します。

投影面積割合	20％未満	20％以上 40％未満	40％以上 60％未満	60％以上 80％未満	80％以上
減価率	6％以上	12％以上	18％以上	24％以上	30％以上

また、上記のような観点から具体的な減価率を定めてはいないものの、減価が必要となる対象として次のような規定を設けて対応している例もあります。

○補正の例〜地下阻害物による補正

地下式雨水調整池、防火水槽等の上部にある土地で、土地利用に制約を受けるものについては、敷地が判然とし筆が分筆されているものに限り、その利用状況により補正（減価）をします。ただし、マンション・共同住宅等の同一敷地にあると認められるものは除きます。

上記のとおり、地下阻害物のある土地の場合、地下の一部に利用上の制約を受ける部分が生じ、その部分の価値の減少を考慮する必要があります。地下阻害物のある土地を個別に評価することは鑑定評価の場合でなければ時間的な余裕もないでしょうが、金融機関の担当者にとり上記の考え方は適正な時価を把握する簡便法として有用と思われます。

第7章 不動産評価上の特殊な減価要因と価格への影響

10 高速道路や鉄道の下にある土地と価格への影響

Q10 地上阻害物（高速道路や鉄道等）の価格への影響度を判断する際に、どのような点に留意すればよいでしょうか。

A ここでは、最初に、やや専門的となりますが鑑定評価の考え方を適用して減価率の検討を行う場合の考え方について解説します。その後に簡便的な方法を併せて検討します。

1．鑑定評価の考え方

① 高さ制限を受けることによる補正

まず、近隣における建物の標準的な使用状況を調査します。すなわち、近隣において何階建てくらいの建物が一般的であるかを把握することにより、対象地が仮に高架線による高さ制限を受けないとした場合に建築することのできる建物の階数を想定するわけです。

次に、実際に高さ制限を受けることを前提とした場合の利用可能階数を判定して、これらを比較することにより、利用制限の付いていることを前提とした土地価格を次のように求めます。

○利用制限の付いていることを前提とした土地価格

　更地価格×高さ制限を受けることによる対象地の価値割合（※）

　　＝高さ制限を考慮した対象地の価格

　※　この価値割合を求める際に参考にされているものが、「公共用地の取得に伴う損失補償基準」に掲げられている階層別効用比率ですが、本書では執筆目的からして専門的な解説には立ち入りません。

ここでは、対象地が高架線による影響を受けないと想定した場合の建築可能階数を5階、利用制限の付いていることを前提とした建築可能階数を

3階と想定します。そして、近隣における賃貸ビルの賃料等も考慮の上、階層別効用比率が1階100、2階80、3階～5階各々70と査定されたとすれば、高さ制限を受けることによる対象地の価値割合は、

$$(100＋80＋70)／(100＋80＋70＋70＋70)×100\% ≒ 64\%$$

と査定されます。

その結果、更地価格が仮に300,000円/m²であるとすれば、

$$300,000 円/m² × 64\% = 192,000 円/m²$$

が高さ制限を受けることによる対象地の価格ということになります。

② 快適性が劣るなど環境面に与える影響

対象地の現況等から判断し、騒音・振動等による減価の程度を仮に▲20％と査定すれば、これを考慮した場合の対象地の価格は、

$$192,000 円/m² ×(100\% － 20\%)≒ 154,000 円/m²$$

となります。

③ 上記①および②を考慮した減価割合

上記①および②の結果から更地価格に対する減価割合を求めれば、

$$(154,000 円/m² － 300,000 円/m²)÷ 300,000 円/m² × 100\% ≒ ▲50\%$$

となります。

2．簡便法

上記の方法は鑑定評価でしばしば用いられている考え方ですが、このような手法は鑑定評価の依頼者から依頼のあった都度、個別物件ごとに精査を行って経済価値を求めるという鑑定評価の目的に沿い、それなりの時間を投入して適用されるものです。しかし、不動産鑑定士以外の方が適用するにはやや専門的な方法といえます。また、限られた時間の枠内で評価するという制約を考慮した場合には上記のような方法を適用するには限界があります。したがって、担保価値の目安を時間をかけずに把握したいという場合には、上記のような考え方を裏付けに、当該地域の実情や地上阻害物の程度に応じた減価率を設定し、これを適用することが現実的と思われます。

第7章　不動産評価上の特殊な減価要因と価格への影響

例えば、「建物の建築は可能であるが阻害の程度が比較的大きいものは○%減、その程度が著しく大きいものは○○%減、建物の建築が不可能なものは○○%減」というような目安を設けておく方法です。

以下、このような観点から設定した減価率表の例を掲げます。

○現価率の例～地上阻害物（高圧線以外）のある土地

　高速道路・高架鉄道等の地上阻害物が存在することにより利用制限を受けている土地について、当該阻害物により価額に影響があると認められる場合は、阻害部分の面積割合に応じて次に定める減価率を適用します。

阻害の程度	補正率
建物の建築は可能であるが阻害の程度が比較的大きいもの	▲30%
建物の建築は可能であるが阻害の程度が著しく大きいもの	▲50%
建物の建築が不可能なもの	▲60%

このように地上阻害物のある土地の場合、特に建物が建築できないと判断される状況にあれば、土地価格は大幅に低下します。この点を減価率に織り込まなければ適正な時価との乖離が生じます。

また、所要の補正に際しては適正な時価との関係を常に念頭に置く必要があります。上記の減価率表はあくまでも一つの例であり、現実の土地価格と減価率が適合するように検討する必要があります。

11 大規模な土地と価格への影響

Q11 大規模な土地の価格への影響度を判断する際にどのような点に留意すればよいでしょうか。

A 大規模な土地を評価するに当たり、近隣地域の標準的な使用方法が戸建住宅の敷地であり、最有効使用も同様と判断される場合、対象地のなかに道路を新設し戸建住宅の敷地として利用できる区画を多数生み出すことを前提とした評価方法が実体的と考えられます。

対象地のなかにこのような潰れ地が生ずる場合、近隣の戸建住宅の敷地の価格（単価）をそのまま対象地に当てはめたのでは不合理なものとなります。簡便的な方法によって評価する場合でも、前面路線価に対して間口や奥行距離等によって画一的に補正するだけでは、大規模な土地の有するこのような特殊性を価格に反映させることはできません（前面道路に付されている路線価が大規模な土地を前提としている場合は別ですが、そうでない限り同じ単価を当てはめただけでは適正な時価との乖離が生じてしまいます）。

このような傾向は、画地の規模が大きくなればなるほど顕著なものとなります。土地の価格は「1 + 1 = 2」となるとは限らないとよくたとえられますが、まさに、小規模な区画の土地の価格をそのまま大規模地に当てはめても、これが全体地の価格となるとはいえないところに特殊性があります。この点が一般商品と大きく異なっている点です。

それでは、減価率を検討する際、どれほどの割合を適用すればよいかという問題が生じますが、これについては当該土地の属する地域の価格事情、用途（住宅系か商業系か工業系か）、基準となる画地と比較する画地の規模の相違等により画一的に査定することは難しいのが実情です。しかし、そうはいっても減価率の目安を定めておかなければ実務に適用することはできませ

ん。

　参考までに、鑑定評価の実務に用いる格差率の目安を〈資料7-6〉に、これをより簡素化した格差率表の一例を〈資料7-7〉に示します（このような減価率表を、当該地域の実情に即して住宅地、商業地、工業地等の別に作成しておけば担保評価の実務に役立つと思われます）。

〈資料7-6〉地積過大地（又は過小地）の格差率
（「土地価格比準表」によります）

（標準住宅地域の場合）

	基準地＼対象地	普通	やや劣る	劣る
地積	普通	1.00	0.95	0.90
	やや劣る	1.05	1.00	0.95
	劣る	1.11	1.06	1.00

地積の過大又は過小の程度について、次により分類し比較を行います（注1）。
　普通　　標準的な画地の地積と同程度の画地
　やや劣る　標準的な画地の地積より過大又は過小であるため、画地利用上の阻害の程度が大きい画地
　劣る　　標準的な画地の地積より過大又は過小であるため、画地利用上の阻害の程度が相当に大きい画地
　（注1）地積が標準的な画地に比べて著しく小さい場合にも土地利用に支障が生ずることがあるため、「土地価格比準表」では地積過小地をも含めた格差率を設けています。

（普通商業地域の場合）

	基準地＼対象地	普通	やや劣る	劣る	相当に劣る	極端に劣る
地積過大	普通	1.00	0.98	0.95	0.92	0.90
	やや劣る	1.02	1.00	0.97	0.94	0.92
	劣る	1.05	1.03	1.00	0.97	0.95
	相当に劣る	1.09	1.07	1.03	1.00	0.98
	極端に劣る	1.11	1.09	1.06	1.02	1.00

　地域における標準的な画地の地積との地積過大の程度について、次により分類し比較を行います（注2）。

普　　通	標準的な画地の地積とほぼ同じ地積の画地
やや劣る	標準的な画地の地積より過大であるため、画地利用上の阻害の程度がやや大きい画地
劣　る	〃　　　　　　　　　大きい画地
相当に劣る	〃　　　　　　　　　相当に大きい画地
極端に劣る	〃　　　　　　　　　極端に大きい画地

（注2）商業地の場合、地域における標準的な画地の地積よりも対象地の地籍が大きく、このことが収益の増加をもたらすような場合には、逆に「面大増価」を織り込むことがあります。

　このような「面大増価」を適用する場合には、別途、このための比準表に当てはめて格差率を査定しなければなりません。また、この考え方を適用する場合には、当然のことながら上表の「地積過大」による格差率は適用しないものとされています。

〈資料7-7〉地域の実情を考慮に入れた規模格差率の一例

「土地価格比準表」における格差率の標準的なモデルは〈資料7-6〉のとおりですが、これを参考に、地域の実情を考慮に入れた地積過大地、または地積過小地の格差率表の一例を次のとおり作成してみました（もちろん、格差率の程度は画一的なものではなく、当該地域の価格事情を反映させたものを作成することが必要です）。

程　　度	普通	やや劣る	劣る	相当に劣る	極端に劣る
減価率	0％	▲5％	▲10％	▲20％	▲30％

　特に大規模地の場合、適用する減価率がいかに市場の実態を反映することができるかが適正な時価との関連で重要な鍵となります。

　なお、本項では近隣地域内の標準的な画地に比べて規模が大きい画地は、標準的な画地に比べて単価が割安になることが多いという実態を踏まえて解説しましたが、なかには規模が大きなことが増価の要因として働くという例外的なケースもあることも念頭に置く必要があります。

　すなわち、特に商業系の土地利用を前提とした場合、主要駅近くで高度利用を図ることのできる、いわゆる立地条件の優れた土地は稀少性が認められ、多様な用途も可能となることから、規模の大きな土地の単価が割高となるこ

第7章 不動産評価上の特殊な減価要因と価格への影響

ともあります（まとまった土地に対する効用増という考え方です）。

以上述べたことを要約すれば、規模の大きな土地は減価要因を中心としてとらえることが一般的ですが、これだけがすべてというわけでなく、なかには増価要因として働くケースがあることにも留意が必要だという点です。

また、市場性による減価という側面から所要の補正を検討する際には、経済動向にも留意が必要です。すなわち、大規模な土地は一般的に市場性が減退するとはいっても、景気の低迷している時期と景気の安定している時期とでは総額が嵩むことによる市場性の減価の程度は異なると思われます（前者の場合、後者に比べて減価率を大きく織り込むことが実体的であると考えられます）。

12　高圧線の下にある土地と価格への影響

Q12　高圧線の下にある土地の価格への影響度を判断する際に、どのような点に留意すればよいでしょうか。

A　1．減価率との関係

　高圧線の下にある宅地は、その地上からの高さにもよりますが、一般的にはこれがない状態での宅地に比べて利用価値の減少を伴うことから、減価を行うことが適切であると考えられます。
　その際の減価率の設定方法ですが、最初に実務的な簡便方法を掲げます。
○減価率の例～高圧線の下にある画地
　高圧線の下に位置するため付近の画地と同等に利用に供し得ない画地は当該画地に占める高圧線の下部分の地積割合を求め、高圧線下の減価率を査定します。

（高圧線下減価表）

線下地積 総地積	0.10 以上 0.20 未満	0.20 以上 0.30 未満	0.30 以上 0.40 未満	0.40 以上 0.50 未満	0.50 以上 0.60 未満
減価率	5％	10％	15％	20％	25％
線下地積 総地積	0.60 以上 0.70 未満	0.70 以上 0.80 未満	0.80 以上 0.90 未満	0.90 以上 0.95 未満	0.95 以上
減価率	30％	35％	40％	45％	50％

○減価率の例～高圧線の下にある土地の評価
　①　高圧線（電気設備に関する技術基準を定める省令第2条に規定する特別高圧の電線をいう）の下にある土地については、通常の用途に供することができない部分があるためその利用価値が著しく低下していると認

第7章　不動産評価上の特殊な減価要因と価格への影響

められるため、その面積に占める高圧線のある部分（離隔距離の範囲内とする）の投影面積の割合（「投影面積割合」という）に応じて、次に定める減価率表により求めた減価率によって補正することができます。

投影面積割合	10％未満	10％以上30％未満	30％以上50％未満	50％以上70％未満	70％以上90％未満	90％以上
減価率	0％	5％	15％	25％	35％	45％

　なお、電圧その他の事情により、極度に利用上の障害がある場合にあっては、さらに10％以内の減価率を査定することができます。
② 「電圧その他の事情」とは、次に該当するものをいいます。
　　A　電圧の高さ
　　B　地表から電線までの距離
　　C　土地に占める電線の位置
　　D　地積
　　E　地役権その他の用益権の設定契約の内容
　　F　その他
③ 「極度に利用上の障害がある場合」の判定に当たっては、都市計画法の用途地域、地区、建築基準法の延べ面積の敷地面積に対する割合（容積率）、建築面積の敷地面積に対する割合（建ぺい率）および周辺土地の標準的な利用状況等を考慮することが必要となります。

2．高圧線の電圧と土地評価との関連
(1)　高圧線下地の意味
「電気設備に関する技術基準を定める省令」では、電圧の種類を低圧、高圧、特別高圧の3つに分類した上で、それぞれの定義を以下のとおり行っています。

> ○電気設備に関する技術基準を定める省令
> （電圧の種類）
> 第2条　電圧は、次の区分により低圧、高圧及び特別高圧の三種とする。
> 　一　低圧　直流にあっては七百五十ボルト以下、交流にあっては六百ボル
> 　　　　　ト以下のもの
> 　二　高圧　直流にあっては七百五十ボルトを、交流にあっては六百ボルト
> 　　　　　を超え、七千ボルト以下のもの
> 　三　特別高圧　七千ボルトを超えるもの
> 2　（略）

　ここで、土地の評価に際して問題とされるケース（すなわち価格に大きな影響を与えるケース）は7,000ボルトを超える特別高圧の架空電線下地であり、そのため土地評価において高圧線下地と呼ぶ場合には特別高圧の架空電線下の土地を指して用いることが一般的です。

(2)　高圧線下の利用制限

　土地の利用制限とはいっても、「電気設備に関する技術基準を定める省令」（以下、単に「技術基準」と呼びます）はあくまでも電気事業者を対象として定められたものであり、土地の所有者等に対して直接的に利用制限を義務付けているわけではありません。

　電気事業者としては、公共の安全確保のために土地所有者に対して地役権の設定を依頼したり（＝上空の一部を電気事業者が強い権利を伴って使用することの承諾を求めたり）、あるいは土地所有者との間に債権契約（「送電線路架設保持に関する契約」）を締結することによって上空の使用を認めてもらい（＝地役権に比べれば弱い権利）、特別高圧架空電線路の維持管理を行うこととなります。このため、結果として土地所有者に利用制限を与えてしまうケースが発生します。すなわち、特別高圧架空電線と建造物等との接近の程度が上記技術基準（第29条および第48条）によって規定されているため、高圧線の電圧の状況によって高圧線下に建物を建築できる場合（この場合でも階層の制限を受けることがあるのはもちろんです）と建築できない場合とに分かれることになります。そして、その結果により土地価格に対する

第7章　不動産評価上の特殊な減価要因と価格への影響

影響度が異なってきます。

なお、評価の実務では、電線と建造物等との接近の程度については〈資料7-8〉を参考に、「離隔距離」および「水平離隔距離」を把握しています。

〈資料7-8〉電線と建造物の接近の程度

物件の種類	離隔の方法	7,000V～35,000V以下	35,000V～170,000V以下	170,000V～
建造物	離隔距離	3m	3mに使用電圧が35,000Vを超え10,000Vまたはその端数ごとに15cmを加えた値以上	
	水平離隔距離	送電線が建造物の下方に施設されるときのみ3m以上		3m以上

この表において「離隔距離」とは〈資料7-9〉に示す円の半径（すなわち、電線からの最短の直線距離）を意味しており、「水平離隔距離」とは〈資料7-10〉に示す水平距離を意味しています。

〈資料7-9〉

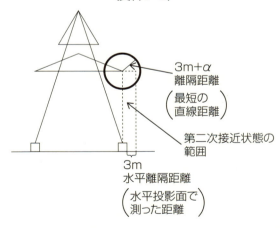

（出所）土地評価理論研究会『特殊な画地と鑑定評価』
第12章「高圧線下地」清文社、1998年4月を参考に作成。

〈資料 7-10〉高圧線の真下部分の範囲

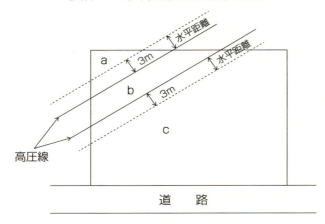

これに基づいて説明すれば、具体的な建築制限は次のとおりとなります。
① 使用電圧が170,000Vを超える場合

高圧線の真下の部分だけでなく、その両側（すなわち水平距離）3mの範囲に建物を建築することはできません。

② 使用電圧が170,000V以下の場合

使用電圧が35,000V以下であれば、〈資料7-9〉に示す高圧線の位置から直線距離で3m離れることによって建物の建築が可能となります。例えば、高圧線の位置が地上20mであるとすれば、20m－3m＝17m、までの高さであれば高圧線の真下であっても建物が建てられるということになります。

次に、使用電圧が35,000Vを超える場合には離隔距離が3mあるだけでは足りず、これに、〈資料7-8〉によって計算した距離を加算する必要があります。

例えば、使用電圧が70,000Vであれば、

　離隔距離＝3m＋(70,000V－35,000V)／10,000V×0.15m≒3.5m

となります。そして、高圧線の位置が上記と同様に地上20mであるとすれば、

20m − 3.5m = 16.5m

までの高さであれば、高圧線の真下であっても建築が可能となります。ここでは、先に述べた例と比べ建築可能な高さが0.5m低くなっていますが、これは高圧線の使用電圧が高い分だけ離隔距離を多く確保しなければならないという考え方が反映されているためです

3．簡便的な手法と専門的な手法

　高圧線下の土地を評価する際には、上記2.のとおり使用電圧による建物利用制限の有無やその程度を十分に調査し、その土地の最有効使用や快適性等に与える影響を個別に把握した上で減価率を査定するのが本来の姿です。しかし、もう少し簡易にという場合には、減価率査定のために画一的なマニュアルを使用することもあります（上記1.の内容を参照）。

　その際の減価率査定に当たっては、上記1.のほか財産評価基本通達27-5の考え方（家屋の建築が全くできない場合は通常の50％評価、家屋の構造や用途等に制限を受ける場合は通常の70％評価）を参考にするなど、減価率の根拠付けに工夫を凝らすことが必要です。

　金融機関の方々がもう少し専門的にこの手法を研究してみたいと考える場合には、鑑定実務の参考書を参照してみるとよいでしょう。

第8章

不動産評価の基本パターンと具体例

1 鑑定評価の3手法とは

Q1 金融機関の融資担当者が知っておくべき鑑定評価の3手法について、基本的な考え方を解説してください。

A 鑑定評価の3手法とは原価法、取引事例比較法および収益還元法の3つの手法を指しています。しかし、この考え方は不動産の評価に特有のものというわけではありません。

すなわち、合理的な経済人が「もの」の価値を判断する際には、①それに対してどれほどの費用が投じられたか（費用性）、②それと同等の商品が市場においてどれくらいの価格で取引されているか（市場性）、③そのものから将来、どれほどの収益を期待することができるか（収益性）の3つの点を考慮に入れると思われるからです。鑑定評価の手法もこれらの考え方を基礎としています。

以下、これらの3つの手法の概略と特徴を解説します。

◆価格のもつ3つの側面

一般的に考えれば、多額の費用を投じた商品であればあるほど市場での取引価格も高額となり、その商品から得られる収益や満足度は高くなるのが普通です。このような現象は、しばしば価格の三面性とも呼ばれています。

理論的に考えれば、3つの側面からアプローチした価格は常に一致すべきものと考えられ、鑑定評価の3手法が存在する拠り所もここにあります。

ここで、価格の3面性と鑑定評価の3手法を関連づけた場合、次のことを指摘することができます。

すなわち、上記①で述べた費用性に着目した手法が原価法であり、②の市場性に着目した手法が取引事例比較法であり、③の収益性に着目した手法が

第8章　不動産評価の基本パターンと具体例

収益還元法であるということになります。

以上の関係を整理したものが〈資料 8-1〉です。

〈資料 8-1〉鑑定評価の 3 手法

方　式	着目する視点	試算価格
原　価　法	費用性	この手法によって求められた試算価格を「積算価格」と呼びます。
取引事例比較法	市場性	この手法によって求められた試算価格を「比準価格」と呼びます。
収益還元法	収益性	この手法によって求められた試算価格を「収益価格」と呼びます。

　標準宅地の価格を求めるに当たり、理論的に登場する手法は原価法、取引事例比較法、収益還元法ということになりますが、土地のもつ特殊性ゆえに、すべての手法が適用できないケースが生じてきます。また、仮に適用できたとしても、それぞれの手法によって求められた価格の精度に差が生ずることも多く、機械的に平均したものがその土地の価格を示すとはいい難いのが実情です。

　鑑定評価の手法が実務上適用できない代表例は、既成市街地内にある土地に原価法を適用しようとする場合です。また、収益性を目的としない住宅地の場合も、収益還元法を適用し難いケースがあります（適用した結果、実際の取引価格よりも収益価格の方が下回って求められることもしばしば経験します）。

　しかし、3 手法が本質的に適用が難しい場合は市場の特性を適切に反映した複数の手法を適用し、対象不動産の種類等により複数の手法の適用が難しい場合でもその考え方をできる限り参酌することが望ましいといえます。

2 鑑定評価の手法(1)原価法

Q2 鑑定評価の3手法のうち原価法について解説し、建物に適用する場合の具体例も示してください。

A 1．原価法の考え方

　原価法は既に述べたように、「もの」に対して投下した費用に着目して価格を求める手法です。そのため、同じものを新たに製造した場合に要する原価から期間の経過等による価値の減少分（減価額）を差し引いて対象不動産の価格を求めるという手順を踏みます。このことを不動産鑑定評価基準に沿って表現すれば、「原価法は、価格時点における対象不動産の再調達原価を求め、この再調達原価について減価修正を行って対象不動産の試算価格を求める手法である」ということになります。

　原価法の適用と土地との関連を考えた場合、既成市街地内の土地については埋立てや新規の造成により完成された土地とは異なるため、再調達原価を見積もること自体が困難です。このため、実務において原価法が適用できるケースのほとんどは建物の評価の場合であるというのが実情です。

　ただし、開発業者が開発前の素地を取得してこれに造成を加え、完成宅地にして分譲する場合には原価法の考え方を適用することができます。すなわち、素地価格＋造成費および付帯費用＝再調達原価ということになります。

　参考までに、原価法を適用して建物の評価を行う場合には、まず、建物の構造別に全期間にわたる経済的耐用年数を査定し、次に、当該建物の建築後の経過年数やその他の諸要因（注）を考慮して減価額を求め（これを減価修正と呼んでいます）、再調達原価からこれを控除して試算価格（積算価格）を求める方法が採用されています。

　　（注）不動産鑑定評価基準によれば、減価の要因として次の3つのものが記載

第8章　不動産評価の基本パターンと具体例

されています。
①物理的要因　　不動産を使用することによって生ずる摩滅及び破損、時の経過または自然的作用によって生ずる老朽化、偶発的な損傷などです。
②機能的要因　　建物と敷地との不適応、設計の不良、型式の旧式化、設備の不足や能率の低下などです。
③経済的要因　　近隣地域の衰退、不動産とその付近の環境との不適合、不動産と代替、競争等の関係にある不動産または付近の不動産との比較における市場性の減退などです。

　なお、原価法は、既成市街地の鑑定評価にはほとんど登場しませんが、素地価格を求める場合、原価法の考え方を裏面から活用するという方法が有効です。すなわち、完成宅地の分譲価格から造成に要する費用や付帯費用を控除するという考え方です。
　上記の意味合いもあり、原価法は土地価格を求める鑑定評価の手法としても機能していると考えられます。

2．原価法の適用例（建物の場合）

　建物価格を求めるに当たっては原価法による積算価格を標準として決定します。
　手順としては、対象建物と類似の建物の建築費を参考として、新規に再調達する場合の再調達原価をまず査定し、次に建物の状況および地域的特性の推移から判断して経済的耐用年数を査定の上、耐用年数に基づく方法と観察減価法を併用して現価率を査定の上、積算価格を査定することとします。

【適用例】

1．数量　　148.78m^2
2．再調達原価　　22,300,000 円（150,000 円／m^2）
3．価値割合　　躯体部分 80％、設備部分 20％
4．経済的耐用年数　　躯体部分 25 年、設備部分 15 年

5．経過年数　約9年
6．残存耐用年数　躯体部分16年、設備部分6年
7．現価率（耐用年数に基づく方法）
　　　躯体部分64％（＝16年/25年）
　　　設備部分40％（＝6年/15年）
なお、現地における実査の結果、観察減価はないものと判断しました。
8．積算価格
　躯体部分　22,300,000円×80％×64％≒11,400,000円
　設備部分　22,300,000円×20％×40％≒　1,800,000円
　合計　　　　　　　　　　　　　　　　13,200,000円

最後に、原価法のイメージを図示したものが〈資料8-2〉です。

〈資料8-2〉

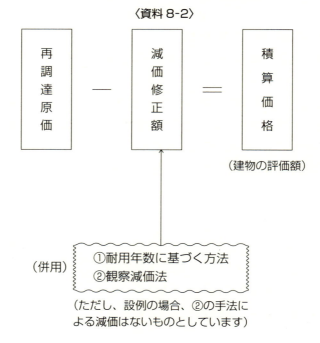

（建物の評価額）

（併用）
①耐用年数に基づく方法
②観察減価法

（ただし、設例の場合、②の手法による減価はないものとしています）

第8章 不動産評価の基本パターンと具体例

3 鑑定評価の手法(2)取引事例比較法

Q3 鑑定評価の3手法のうち取引事例比較法について解説し、その具体例も示してください。

A 1．取引事例比較法の考え方

取引事例比較法は従来から鑑定実務で最もよく用いられてきた手法であり、近隣地域および同一需給圏内の類似地域において土地の取引事例を十分に収集できる場合には精度も高く、かつ、説得力に富む手法であるといえます。ただし、収集した取引事例をそのまま無条件で他の案件の評価に適用することができないことは当然です（この点、担保価値の査定に当たって特に留意すべきです）。

すなわち、土地は他の一般商品とは異なった特性を有しており、個別的な事情を反映して価格が形成されることも多く、また、取引によっては売り急ぎ、買い進み等の特殊な事情が価格に反映されることがあるからです（売り急ぎの場合には割安、買い進みの場合には割高となることが多いといえます）。

(1) 取引事例比較法を適用するに当たっての留意点

土地の取引には上記の事情があることから、取引事例比較法を適用するに当たっては収集した取引事例を十分に分析した上で、特殊事情を含んだものは極力排除するように努める必要があります。しかし、当該取引以外に取引事例が乏しいなどの理由により、このような事例を採用せざるを得ない場合には、これを適正に補正して活用する必要があります（このことを事情補正と呼んでいます）。

それとともに、対象地が属している地域の特性と取引事例地のそれとを比較し（地域要因の比較）、また、対象地の有する個別的要因と取引事例地の

それとを比較してそれぞれの価格形成要因の相違を対象地の価格に的確に反映させる必要があります。それだけでなく、対象地の価格判定の基準日（すなわち価格時点）と事例地の取引時点との間に時間的な隔たりがあり、この期間内に地価の変動があったと認められる場合には時点修正を行うことが必要となります。

(2) 取引事例比較法の特徴

取引事例比較法においては、上記の過程のなかで地域要因および個別的要因の比較に当たってそれぞれの要因ごとに格差率を査定し、価格を算定する作業が行われます（これを、しばしば「比準作業」と呼んでいます）。

複数の取引事例を基にこのような比準作業を行った結果を比較検討し、価格間に開差が生じた場合にはその原因を分析してその縮小に努め、最終的にはこれらのなかから精度の高いと判断される価格に重点を置いて比準価格を決定することとなります（各々の価格の精度をほぼ同等に扱ってよいと判断される場合には、その中庸値を比準価格として採用することもあります）。

(3) 土地価格比準表

取引事例比較法を適用するに当たって実務上問題となることは、地域要因および個別的要因の各項目について格差率の査定をいかに行うかという点にあります。

価格形成要因に関しても、最寄り駅からの距離や前面道路の幅員などのようにその状況が数値で把握できるものから、住環境や繁華性など絶対的な数値で表しにくいものまでさまざまなものがあります。しかし、取引事例比較法ではこれらの価格形成要因が価格に与える影響を分析し、取引事例地と対象地の要因を比較した上で、その相違を価格に反映させていく必要があります。

このため、環境要因や繁華性（収益性）のようにその程度がある一つの数値として把握しにくい項目についても、事例地および対象地間での優劣の程度を比較した上で、相互にバランスのとれるような格差率を査定する必要が生じます。したがって、このような項目については格差率を絶対的な数値と

第8章　不動産評価の基本パターンと具体例

して表すというよりも、各々の土地の価格形成要因を相対的に比較して優劣の程度を示すという意味合いで理解した方が現実的であると思われます。

比準作業を行うに当たっては格差率の査定のための物差し（比準表）が必要であり、またこれが比準作業を効率的に進める際の重要な拠り所となります。

2．取引事例比較法の適用例

以下、近隣地域の標準的な画地を想定してその適正な時価を求めることを前提としますが、標準的な画地そのものには格別の個別的要因（角地、不整形等の要因）はないものとします。

このため、試算の過程としては、取引事例地の価格に対し事情補正、時点修正を施し、取引事例地の個別的要因（角地、形状等の画地条件）の標準化補正（角地等でないものとした価格に置き換える作業）を行った後に、取引事例地と対象地それぞれの地域要因の比較を行うという手順を踏むことになります。

なお、標準化補正のイメージは、例えば、取引事例地がやや不整形でその程度が標準的な画地の価格に対して▲10％であるとすれば、取引事例地の価格を0.9で割り戻す（すなわち、取引事例地の価格に100/90を乗ずる）というものです。

以上の考え方に沿い、取引事例比較法による試算を行ってみます（価格時点は平成○○年1月1日とします）。

＜対象地＞
○○市○○町4丁目15番3、宅地、面積150m^2、長方形（間口12m、奥行15m）、幅員が5mの市道に接面（中間画地）、最寄り駅より1,200m、第1種低層住居専用地域、指定建ぺい率50％、指定容積率100％。

＜近隣地域＞
　近隣地域の標準的使用は低層住宅地で、標準的な画地の規模は150m^2程度、街路の幅員も5mが標準です。

<取引事例地①>

　同一需給圏内に所在、宅地、平成〇〇年10月取引、204,000円/m^2、120m^2、ほぼ長方形、幅員が6mの市道に接面（中間画地）、最寄り駅より1,900m、公法上の規制は対象地に同じです。

<取引事例地②>

　同一需給圏内に所在、宅地、平成〇〇年8月取引、231,000円/m^2、130m^2、ほぼ長方形、幅員が4mの市道と側道に接面（角地）、最寄り駅より700m、公法上の規制は対象地に同じです。

<事例地①との比較より>

　　　　　　　　　　　　　（注1）　（注2）　（注3）
　　　　　　　　　事情補正　時点修正　標準化補正　地域要因　　比準価格
204,000円/m^2×100/100×100/100×100/98.0×100/97.5≒214,000円/m^2

　（注1）　横ばいと査定しました。
　（注2）　間口がやや狭い　－2
　（注3）　道路の幅員　＋1　　最寄り駅への接近性　－3.5（相乗積を分数の形で織り込みました。100/101×100/96.5≒97.5。以下同様。）

<事例地②との比較より>

　　　　　　　　　　　　　　　　　　（注4）　（注5）
　　　　　　　　　事情補正　時点修正　標準化補正　地域要因　　比準価格
230,000円/m^2×100/100×100/100×100/102×100/101.9≒221,000円/m^2

　（注4）　角地　＋2
　（注5）　道路の幅員　－1　　最寄り駅への接近性　＋5　　環境条件　－2

　2つの試算の結果、開差が生じましたが、本件の場合、採用した取引事例はいずれも規範性に富むものであり、地域要因の比較および個別的要因の比較も適切になされていると判断し、中庸値である217,500円/m^2をもって標準的な画地の価格（比準価格）と査定しました。

　このように、取引事例比較法の適用に当たって実際に問題となる点は、地

第8章　不動産評価の基本パターンと具体例

域要因および個別的要因の各項目について格差率の査定をいかに行うかという点です。その際に重要なことは、各項目の優劣の程度は絶対的な数値として表せるものではありませんが、相互にバランスのとれる格差率を査定するように留意しなければならない点です。その意味で、比準表をあらかじめ用意しておくことが必要です。

なお、〈資料8-3〉に取引事例比較法のイメージを示しました。

〈資料8-3〉

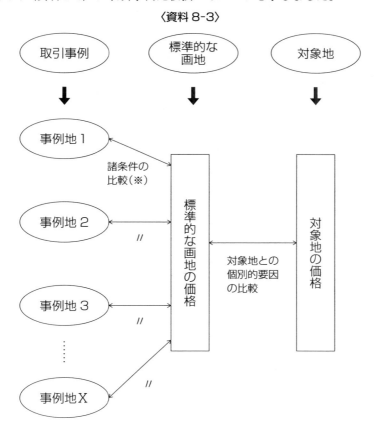

（※）諸条件の比較の際には、事例地と標準的な画地の価格との間で地域要因の比較のほか、個別的要因の標準化補正（角地等の土地を道路に一面が接する土地に置き換える作業）を行います。

4 鑑定評価の手法(3)収益還元法

Q4 鑑定評価の3手法のうち収益還元法について解説し、その具体例も示してください。

A 1．収益還元法の考え方

収益還元法は、対象不動産が将来生み出すであろうと期待される純収益の現在価値の総和を求めることにより対象不動産の試算価格を求める手法です。

ここで、賃貸用不動産を前提とすれば、純収益とは家賃収入等の総額から維持管理費をはじめとする総費用を控除した残りの部分を意味しています。

収益還元法は、収益性になじまない地域では現実的な説明力に欠けるという特徴がありますが、商業用不動産や投資用賃貸住宅等の鑑定評価においては有力な手法といえます。また、取引事例比較法によって求めた価格（比準価格）に対する検証手段としても活用すべき重要な役割を担っています。

収益還元法の詳細を説明しようとすれば、それだけで相当の頁数が必要となりますが、ここではその仕組みと特徴を説明し、簡単な設例を紹介しておきます（興味のある方は別途専門書をご参照ください）。

2．純収益の「現在価値の総和」という意味

収益還元法を理解する上で必要なことは、この手法によって求めるべきは「純収益の総和」でなく、「純収益の現在価値の総和」とされていることです。少々まぎらわしくなるため、単純な設例と〈資料8-4〉および〈資料8-5〉を基に考えてみましょう。

第8章 不動産評価の基本パターンと具体例

〈資料 8-4〉純収益の総和という場合

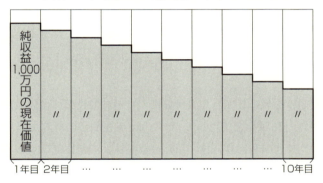

〈資料 8-5〉純収益の現在価値の総和という場合

の全体が純収益の現在価値の総和となります。

　対象不動産を賃貸することにより、年々1,000万円の純収益が期待できるとします。仮に、この傾向が今後10年間続くとすれば、上記の2つの意味の違いは次のようなところに現れます。

　まず、「純収益の総和」としてとらえた場合は、これは〈資料8-4〉において10個の長方形をすべて合計したものがこれに相当します。すなわち、1年目の純収益1,000万円が10年間累積されるため、純収益の総和は1億円となります。

　これに対して、「純収益の現在価値の総和」という場合には、今後の10年

241

間について1年間ごとに純収益の現在価値を求めて、これを合計したものという意味になります。ここで現在価値とは、〈資料8-5〉が示すように将来得べかりし純収益を現在時点での価値に置き換えたものという意味合いで使用されています。このような計算を行う目的は、現在手元にある1,000万円と1年目の期末に得られる1,000万円、2年目の期末に得られる1,000万円、……、そして10年目の期末に得られる1,000万円とでは、金額が同じでも現時点での価値が違ってくるためです。

仮に、現在手元にある1,000万円を金融機関に預けるか、またはより効率のよい方法で運用できるとすれば、1年目期末、2年目期末、……、10年目期末には利回り相当分だけ手取り金額が増えていく計算となります。このことを逆に考えれば、1年目期末、2年目期末、……、10年目期末の1,000万円は、同じ1,000万円でも現在価値に置き換えた場合にはそれぞれの金利分だけ割り引かれた金額となる、ということです。そして、現在価値の総和とは、〈資料8-5〉では網かけをした長方形の部分の合計を指すことになります。

ここで利回りを仮に5%とし（計算例では不動産投資への危険性等を考慮して設定された利回りを使用しています）、現在価値の計算を行った結果は以下のとおりです（利回り自体、用途や収益性、利便性等によって異なりますので、ここでは一例という意味で理解してください）。

　　　　　　　　　　　　　　　　　　　　　　　　　　　　（現在価値）
- 1年目期末の1,000万円　　→　　1,000万円÷(1＋0.05)≒952万円
- 2年目期末の1,000万円　　→　　1,000万円÷$(1＋0.05)^2$≒907万円
- 10年目期末の1,000万円　→　　1,000万円÷$(1＋0.05)^{10}$≒614万円

ここでは、単純化のため純収益の期待される期間を有限（10年）として計算してみましたが、純収益が永続的に得られると想定した場合には次の算式で収益価格を求めることになります。

$$P = a/(1+r) + a/(1+r)^2 + \cdots\cdots + a/(1+r)^n$$

　P：　純収益の現在価値の総和（すなわち収益価格）

第8章 不動産評価の基本パターンと具体例

　　a：　年間の純収益
　　r：　利回り（一期間の純収益から収益価格を求める際に使用する利回りのことを、特に還元利回りと呼んでいます）
　　n：　期間

この式は数学的処理を施すことにより、P＝a/r、という単純な結果に集約されます。

この式に当てはめ、純収益が永続的に得られると想定した場合の収益価格を求めれば次のとおりです。

　　$P = 1,000万円/(1+0.05) + 1,000万円/(1+0.05)^2$
　　　　$+ \cdots\cdots + 1,000万円/(1+0.05)^n$
　　∴　$P = 1,000万円/0.05$
　　　　$= 20,000万円$（収益価格）

収益還元法を適用する場合、不動産から得られる収益を何を基準として把握するかが問題となりますが、実務では不動産を賃貸した場合に得られる収入（それも建物の家賃）を用いることが一般的です（大規模工場のように賃貸目的で建物の建築を行っていないものもあり、すべてのケースで的確な賃料が把握できる保証はありませんが、家賃に関する資料を収集することが収益還元法を適用する上で最も身近な手段であるといえます）。

上記設例では、単純化のため土地建物一体としてとらえた場合の純収益を基にして収益還元法の仕組みを説明しました。

ここで、対象を土地に絞り、その収益価格を求める場合には次の手順を踏むことになります（これを土地残余法と呼びます）。

① 　土地建物に帰属する純収益を先に査定します。
② 　土地建物全体の純収益から建物に帰属する純収益を控除して、土地に帰属する純収益を求めます。
③ 　上記②で査定した土地に帰属する純収益を還元利回りで還元して土地の収益価格を求めます。

本項では、対象不動産から得られる純収益は年々一定であるという前提で収益還元法を適用しています。しかし、中長期的にみれば家賃は変動する傾向にあります。このような傾向を純収益の変動に反映させて土地の収益価格を求める方法が研究され、地価公示や固定資産税等の鑑定評価にも活用されています（ただ、手法自体が複雑なものとなるため、ここでは収益還元法の基本的な仕組みを把握していただければ結構です）。

　なお、収益還元法で適用する土地の還元利回りは、一般的に、住宅地よりも商業地の方が低く、郊外にある土地よりも都市の中心部の方が低いという傾向があります。そして、収益還元法の適用過程には判断が多く介入し、還元利回りのわずかな相違が価格差を生ずる要因となることにも留意が必要です。

　金融機関の融資担当者が賃貸不動産の担保価値を査定する際、これらの知識を身につけておくことが是非とも望まれます。

5 更地価格を求める簡便法

Q5 担保価値を把握する際、主に更地価格を求める簡便法として、近隣の公示価格を活用する方法、路線価を活用する方法等がありますが、それぞれについて解説してください。

A 1．近隣の公示価格を活用する方法

公示価格を活用して対象地の価格を求める具体例を以下に掲げます。

なお、単純化のため対象地は公示地の地点（標準地の地点）の近くにあり、接面道路の方位が北向きであることを除き、公示地と条件が近似しているものとします。

○標準地〔番号○○-10〕との地価形成要因の比較

【標準地の概要】	
所在及び地番	○○区○○3丁目○○番○（住居表示「○○3-9-5」）
交通事情	私鉄○○線「○○」駅より南東方900m
道路事情	南側が幅員5.5mの区道に接面
周辺の土地利用状況	中規模一般住宅の他にアパートもみられる住宅地域
公法上の規制	第1種低層住居専用地域。指定建ぺい率50％指定容積率100％
供給処理施設	水道、ガス、下水
形状・規模	長方形地（間口1：奥行1.5）150m^2

価格	時　点 修正率 （注1）	（A） 推定価格	①地域要因 格差修正率	②個別的要因 格差修正率 （注2）	対象地の価格 （A）×①×②
基準日 平成○○年 1月1日 円/m² 442,000	$\dfrac{100.36}{100}$	円/m² 444,000円	$\dfrac{100}{100}$	方位（南） ＋5 $\dfrac{100}{105}$	円/m² 423,000

（注1）時点修正率の査定根拠
　　　○○区○○3丁目の住宅地の地価動向を考慮の上、平成○○年1月2日から平成○○年10月1日（価格時点）までの変動率を＋0.36％と判断しました。

（注2）公示地の接面道路の方位は南向きですが、対象地のそれは（既に述べたとおり）北向きであるとします。なお、南向きの道路に接する宅地の方が北向きの道路に接する宅地に比べて価値が高く、その格差率を5％と査定しました。

【適用上の留意点】
　地価公示価格や都道府県基準地価格の地点として選定されている土地は、必ずしも道路に一面だけが接する土地であるとか、整形な土地であるとは限りません。なかには角地であったり、不整形な土地がこれらの地点として選定されているケースもあります。上記設例に掲げている土地はこのような状況の土地ではありませんが、公示地を比較の対象とするに当たってはこの点にも留意が必要です。

2．路線価を活用する方法

　固定資産税の評価および相続税の財産評価に活用される路線価を基に対象地の時価を推定する簡便法があります。
　固定資産税の評価では、主要な街路に付設する標準宅地の適正な時価につき売買実例価額から評定する方法を原則としていますが、経過措置として地

価公示価格および不動産鑑定士等による鑑定評価価格等を活用することとし、これらの価格の7割を目途として評定する方法を併せて定めています。また、相続税の財産評価では地価公示価格および不動産鑑定士等による鑑定評価価格等の8割を目途として標準宅地の価格を求めています。

　この考え方を活用し、実際に付設されている路線価を70％（固定資産税の路線価の場合）あるいは80％（相続税の路線価の場合）で割り戻すことにより、公示価格ベースの時価を簡便的に推定できます。ただし、この方法によって求めた価格はその路線に接する標準的な画地の価格水準を示すものであり、間口・奥行・形状等により個々に補正が必要な土地にはそのまま当てはまらない点に留意が必要です。

6 農地の評価

Q6 農地の評価に関し、金融機関の担当者として留意すべき点を説明してください。

A 以下、不動産鑑定評価基準の考え方に沿って農地地域の地域要因および農地の個別的要因のとらえ方を説明します。

1．農地地域の地域要因

不動産鑑定評価基準には、農地地域の地域要因の主なものとして次の項目が例示されています。ここでは農業生産性との関連を中心に取り上げられている点に留意します。

(1) 日照、温度、湿度、風雨等の気象の状態
(2) 起伏、高低等の地勢の状態
(3) 土壌および土層の状態
(4) 水利および水質の状態
(5) 洪水、地すべり等の災害の発生の危険性
(6) 道路等の整備の状態
(7) 集落との位置関係
(8) 集荷地または産地市場との位置関係
(9) 消費地との距離および輸送施設の状態
(10) 行政上の助成および規制の程度

なお、不動産鑑定評価基準では、農地地域とは、農業生産活動のうち耕作の用に供されることが、自然的、社会的、経済的および行政的観点からみて合理的と判断される地域をいい、農地とは農地地域のうちにある土地をいうとされています。そのため、農地地域の地域要因は、農地を農地のまま使用

第8章　不動産評価の基本パターンと具体例

収益することを前提としていることに留意する必要があります。
　このような考え方の基に、農地地域では土地を耕作の用に供することから自然的条件が重視されていますが、上記に掲げた要件をどれだけ具備しているかにより、田地地域（自然的条件からみて、大部分の土地が水田として利用されている地域）と畑地地域（自然的条件からみて、大部分の土地が畑地（樹園地を除く）として利用されている地域）とに区分されることになります。それだけでなく、自然的条件は作物の収穫高に大きな影響を及ぼし、農業生産性を大きく左右します。
　次に、土地価格比準表には、農地地域につき上記の要因の他に次の要因が地域要因の比準項目として掲げられています。
(A)　田地地域の比準項目
　①　交通・接近条件
　　　1）集落との接近性　2）出荷的集荷地との接近性　3）農道の状態
　②　自然的条件
　　　1）傾斜の方向　2）傾斜の角度　3）土壌の良否　4）かんがいの良否　5）排水の良否　6）水害の危険性　7）その他の災害の危険性
　③　行政的条件
　　　1）行政上の規制の程度　2）補助金、融資金等による助成の程度
(B)　畑地地域の比準項目
　①　交通・接近条件
　　　1）集落との接近性　2）出荷的集荷地との接近性　3）農道の状態
　②　自然的条件
　　　1）傾斜の方向　2）傾斜の角度　3）土壌の良否　4）排水の良否
　　　5）災害の危険性
　③　行政的条件
　　　1）行政上の規制の程度　2）補助金、融資金等による助成の程度
　農地地域の価格形成要因の分析に当たっては、宅地地域の場合と異なり、自然的条件や集落の単位に応じて地域の特性が異なる点に留意しなければな

りません。また、農道の整備が行われていない地域では、耕耘機の出入りに支障を及ぼすなど、農地としての価格水準に影響を及ぼす要因を含んでいることも念頭に置く必要があります。

2．農地の個別的要因

　不動産鑑定評価基準には、農地の個別的要因の主なものとして次の項目が例示されています（なかには地域要因と重複する項目も見受けられます）。
　(1)　日照、乾湿、雨量等の状態
　(2)　土壌および土層の状態
　(3)　農道の状態
　(4)　灌漑排水の状態
　(5)　耕うんの難易
　(6)　集落との接近の程度
　(7)　集荷地との接近の程度
　(8)　災害の危険性の程度
　(9)　公法上および私法上の規制、制約等
　農地の個別的要因の把握に当たって特に留意すべき点は、耕作者の肥培管理のいかんにより、農地としての品等に相違が生ずるという点です。これは農地固有の個別的要因と理解すべきでしょう。また、農地の場合、対象地の状況から判断してどのような作物を収穫することが適しているかが担保価値との関係で重要であると思われます。
　次に、土地価格比準表では、農地地域の個別的要因として以下のものを掲げています。したがって、農地の取引事例を参考にしながら対象物件の価格を求める際にはこの点にも留意する必要があります。
(A)　田地地域の比準項目
　　①　交通・接近条件
　　　　1）集落との接近性　　2）農道の状態
　　②　自然的条件

1）日照の良否　2）土壌の良否　3）保水の良否　4）礫の多少
5）かんがいの良否　6）排水の良否　7）水害の危険性　8）その他の災害の危険性

③　画地条件

1）地積　2）形状　3）障害物による障害度

④　行政的条件

1）行政上の規制の程度　2）補助金、融資金等による助成の程度

(B)　**畑地地域の比準項目**

①　交通・接近条件

1）集落との接近性　2）農道の状態

②　自然的条件

1）日照の良否　2）土壌の良否　3）礫の多少　4）作土の深さ
5）排水の良否　6）災害の危険性

③　画地条件

1）地積　2）傾斜の角度　3）形状不整および障害物による障害の程度

④　行政的条件

1）行政上の規制の程度　2）補助金、融資金等による助成の程度

　農地は宅地と比較して著しく価格水準が低いのが通常です。これに加えて農地法によるさまざまな制限がありますので、担保価値を把握する前に、それが担保の対象として的確であるかどうかを見極める必要があります。

　また、農地に関しては、宅地に転用が可能な場合と転用が困難な場合とがあります。これらに関しては市町村役場の農政課等（名称は異なることがあります）で十分に調査して確認すべきです。仮に、宅地に転用が可能な農地であれば宅地の価格を基準に、それから造成費等を控除して求めることができますし、転用が困難であれば、農地を農地として利用することを前提とした収益価格（収穫高が基本となります）を求める方法があります。また、適切な取引事例が収集できればこれを参考に担保価値を求めることができます。

7　借地権付建物の評価

Q7　借地権付建物の評価に関し、金融機関の担当者として留意すべき点を説明し、具体例も掲げてください。

A　まず、金融機関の担当者として留意すべき点は以下のとおりです。

○借地権とは

　評価上で対象とする借地権とは、借地借家法（廃止前の借地法を含む）に基づく借地権（＝建物の所有を目的とする地上権または土地の賃借権。借地借家法第2条）を指します。したがって、建物が建っていてもそれが使用貸借契約に基づく場合とか、資材置場や駐車場のように建物の所有を目的としない場合には借地権は発生しないことに留意すべきです。

○借地権付建物とは

　借地権付建物とは、借地権を権原とする建物が存する場合における建物および借地権のことを指します。さらに、借地権付建物といっても、その使用形態により、建物を所有者が自ら使用している場合とこれを他人に賃貸している場合とに分かれます。そして、それぞれのケースに応じた評価が必要となります。

　次に、借地権付建物（賃貸用不動産）の評価の具体例を掲げます（なお、紙幅の都合上、省略する個所があります）。

〈借地権付建物（賃貸用不動産）の評価の具体例〉

1．対象不動産の表示

　　○土地　東京都○○区○○町○丁目○番　宅地　788.00m²
　　○建物　東京都○○区○○町○丁目○番地　家屋番号○番の1
　　　　　　鉄骨鉄筋コンクリート造陸屋根地下1階付9階建　事務所・駐車場・倉庫　延床面積 5,100.86m²（登記簿）

第8章　不動産評価の基本パターンと具体例

２．近隣地域の状況

(1)　近隣地域の範囲（省略）

(2)　交通事情・道路事情等（省略）

(3)　地域の特性

近隣地域は中高層の事務所ビルが建ち並ぶ商業地域です。

(4)　公法上の規制

商業地域。指定建ぺい率80％、指定容積率700％。防火地域の指定あり。

(5)　供給処理施設（省略）

(6)　標準的な形状・規模

幅員20mの○道に一面が接し、一画地が間口20m、奥行30m、規模600m^{2}程度の長方形地を想定します。

(7)　標準的使用

中高層の事務所の敷地です。

(8)　地域要因の変動の予測

地域要因に格別の変動要素はないため、今後とも現状を維持していくものと予測されます。

３．対象不動産の状況

(1)　土地

対象地は幅員20mの○道に一面が接する長方形状の土地（間口約25m、奥行約31m）であり、標準的な画地と比較して次の減価要因があります。

○減価要因

容積率が劣る（容積率の異なる２つの地域に跨りますが、詳細は略します）。

(2)　建物

対象地上の建物の価格に影響をもつ個別的要因の主なものは次のとおりです。

① 建築時期

　昭和○○年10月30日新築。

② 構造・用途・規模（対象不動産の表示に記載したとおりです。その他は省略します）

③ 建物の状況

　建築後約○○年を経過しており経年相応の減価がみられますが、維持管理の程度は普通です。

(3) 建物とその敷地・環境との関係

　建物は敷地と適応し、環境とも適合しています。

4．対象不動産の賃貸借の状況

(1) 土地賃貸借契約の状況

① 権利の態様

　堅固建物所有を目的とする土地賃借権（借地権）

② 確認に用いた資料　　土地賃貸借契約書

③ 契約当事者　　賃貸人：A株式会社、賃借人：B株式会社

④ 契約数量　　　788.00m^2

⑤ 契約の経緯　　（省略）

⑥ 現行契約期間　平成○○年○月○日から平成××年×月×日までの30年間（過去に更新が行われています）。

⑦ 年額支払賃料　　　32,698,700円

⑧ 一時金の名称・性格　土地賃貸借契約に基づく債務の履行の担保を目的として敷金16,057,700円が契約当初に授受されています。

⑨ 特約その他　　賃借権の無断譲渡・転貸の禁止等。

(2) 建物賃貸借契約

① 契約の目的

　事務所使用を目的とする建物賃貸借

第8章　不動産評価の基本パターンと具体例

② 年額支払賃料等

後掲の「5．評価手法の適用（B．収益還元法による収益価格）」の項に記載のとおりです（詳細は省略します）。

5．評価手法の適用
A．原価法による積算価格
原価法による積算価格を以下のとおり試算しました。
(1) 土地
　① 借地権価格の基礎となる更地価格の査定
　　１）近隣地域の標準的使用における標準価格の査定

　　　近隣地域において幅員20mの○道沿いで、一画地の規模が600m^{2}程度（間口30m、奥行20m）の高層事務所地の標準価格を、下記イの価格との均衡に留意の上、下記ロの価格を比較検討して2,700,000円／m^{2}と査定しました。

　　　イ．公示価格を規準とした価格　2,750,000円／m^2（過程省略）
　　　ロ．取引事例比較法を適用して求めた価格
　　　　　　2,650,000円／m^2〜2,750,000円／m^2（過程省略）
　　　ハ．収益還元法を適用して求めた価格　2,200,000円／m^2（過程省略）

　　２）対象地の更地価格の査定

　　　対象地は、上記１）の標準的な画地と比べ次の減価要因を有するため、これを反映させて更地価格を査定しました。

　　　○減価要因
　　　　容積率が劣る　－2％（利用効率が劣る程度を考量して査定）
　　　○格差修正率　100％－2％＝98％

　　　更地価格は、標準価格に格差修正率を乗じて1m^{2}当たりの単価を求め、これに評価数量を乗じて端数整理の上、次のとおり2,088,000,000円と査定しました。

a. 単価

(標準的な画地の価格)　　　（格差率）　　　（対象地の単価）

2,700,000 円／m² 　×　　98%　　=　2,650,000 円／m²

b. 総額

(対象地の単価)　　　　（評価数量）　　　（対象地の更地価格）

2,650,000 円／m² 　×　　788.00m²　≒　2,088,000,000 円

② 借地権価格の査定

本件の場合、規範的な借地権の取引事例が収集できなかったことから、次の2つの方法により借地権価格を査定することとしました。

1）借地権割合により求めた価格

2）賃料差額還元法により求めた価格

その結果は、以下のとおりです。

1）借地権割合により求めた価格

近隣地域では、財産評価基本通達に基づく路線価図による借地権割合は80%、地元精通者へのヒアリングによる堅固建物所有目的の取引上の借地権割合は70%程度という結果が得られました。

本件においては、現在の地価動向を鑑み、対象地にかかる借地権割合を70%と査定し、借地権割合による借地権価格を1,462,000,000円と査定しました。

(更地価格)　　　（借地権割合）　　　（借地権価格）

2,088,000,000 円　×　　70%　　≒　1,462,000,000 円

2）賃料差額還元法により求めた価格

この方式は、借地権価格が賃借人の借り得部分（すなわち新規貸しを想定した場合の賃料と実際支払賃料の差額）を基礎に発生しているという考え方を基礎として試算したものであり、その結果は次表のとおりです。

第8章　不動産評価の基本パターンと具体例

①実際支払賃料（年額）	②新規貸しを想定した場合の賃料				(ハ＋ニ)
	イ 基礎価格（注1）	ロ 期待利回り	ハ 純賃料（イ×ロ）	ニ 必要諸経費（注2）	
32,698,700円	2,088,000,000円	4.0%	83,520,000円	5,704,700円	89,224,700円
③ 差額賃料（②－①）	④ 還元利回り	⑤ 借地権価格（③÷④）	⑥ 借地権割合（⑤÷イ）		
56,526,000円	4.5%	1,256,000,000円	60.0%		

（注1）更地価格をもって基礎価格としました。
（注2）固定資産税および都市計画税の査定額です。

3）試算価格の調整と借地権価格の査定

上記1）、2）で試算した借地権価格には次のとおり開差が生じたため、これを調整の上、借地権価格を査定します。

　1）借地権割合により求めた価格　　　　　1,462,000,000円
　2）賃料差額還元法により求めた価格　　　1,256,000,000円

上記1）の価格は、借地権の取引慣行の成熟している地域においては、借地権割合を基礎としてその取引価格が形成される傾向の強い事実に着目して求めたものです。当該価格は取引の実態を反映しており、現実的にも説得力に富むといえます。

上記2）の価格は現行賃料に基づく借地人の経済的利益（＝借り得部分）を反映する賃料差額に着目して求めたものであり、契約の個別性が評価に反映される点に特徴を有しますが、本質的に理論的な性格の強いものです。

よって、本件においては実証性のある上記1）の価格を重視し、借地権価格を1,462,000,000円と査定しました。

(2) 建物

建物価格を求めるに当たっては原価法による積算価格を標準として決定します。評価対象建物と類似の建物の建築費を参考として、新規に再調達する場合の再調達原価をまず査定し、次に建物の状況および地域的特性の推移か

ら判断し、経済的耐用年数を査定の上、耐用年数に基づく方法と観察減価法により現価率を20％と査定しました。

1）再調達原価

　　　　　（単価）　　　　　　（数量）　　　　　　（再調達原価）
　　　260,000円／m² × 5,100.86m² ≒ 1,326,000,000円

2）積算価格

　　　　　（再調達原価）　　　（現価率）※　　　（積算価格）
　　　1,326,000,000円 × 20％ ≒ 265,000,000円

　※　現価率は単純化のため、躯体部分と設備部分の割合を考慮したものとして査定しました。

(3) 借地権付建物の積算価格の査定

以上により、借地権価格1,462,000,000円と建物価格265,000,000円を合計した価格は1,727,000,000円となりますが、建物は敷地と適応し、環境とも適合しているため、借地権付建物の積算価格を1,730,000,000円（土地建物の価格を合計の上で端数整理）と査定しました。

B. 収益還元法による収益価格

対象不動産は賃貸用不動産であることから、実際支払賃料と一時金の運用益から構成される実際実質賃料を前提とし、総収益から総費用を控除して得た償却前純収益について、複合不動産としての還元利回りで還元して、収益価格を以下のとおり1,591,000,000円と試算しました。

(1) 総収益（実際実質賃料）

① 実際支払賃料（詳細は省略します）

（月額支払賃料）14,776,800円×12か月 ＝（年額支払賃料）177,321,600円

② 一時金の運用益（詳細は省略します）

1,733,000円

③ 総収益

①＋② ＝ 179,054,600円

第8章　不動産評価の基本パターンと具体例

(2) 総費用（必要諸経費）

① 修繕費

13,260,000 円（建物の再調達原価の1％相当額）

② 維持管理費

14,185,700 円（年額支払賃料の8％相当額。建物の経過年数等を考慮）

③ 建物の公租公課

7,902,400 円（固定資産税・都市計画税の実額）

④ 支払地代

32,698,000 円（年額支払地代の実額）

⑤ 損害保険料

762,300 円　（年額支払保険料の実額）

⑥ 貸倒引当金

敷金で担保されるため、計上しません。

⑦ 空室損失相当額

14,776,800 円　　（支払賃料の1か月分）

⑧ 総費用

①＋②＋③＋④＋⑤＋⑥＋⑦＝ 83,585,200 円

(3) 純収益（年当たり）

（総収益）179,054,600 円 −（総費用）83,585,200 円 ＝ 95,469,400 円

(4) 還元利回り

上記(3)の純収益を償却前の複合不動産としての還元利回りで還元して、対象不動産の収益価格を以下のとおり 1,591,000,000 円と試算しました。

95,469,400 円 ÷ 6.0％（※）≒ 1,591,000,000 円

※　地域における平均的な還元利回りに対し、対象不動産の建築後の経過年数等を購入リスクとして織り込みました。

C. 試算価格の調整および評価額の決定

上記のとおり、借地権付建物の試算価格として、

259

積算価格　1,730,000,000 円
　　　収益価格　1,591,000,000 円

と求められましたが、開差が生じました。

　積算価格は対象不動産の費用面に着目した価格ですが、土地については取引事例比較法を中心に適用したため、商業地の実勢価格水準が反映された実証的なものと判断されます（建物については、中古事務所の取引市場が熟成されていないことから、再調達原価を基礎とした価値計算に基礎を置いたものです）。しかし、当該価格は自用の建物およびその敷地（＝自己使用を前提とした価格）としての性格が強いといえます。また、事務所ビルの供給者の側面からとらえた価格である点にも特徴があります。

　収益価格は、対象不動産の実際実質賃料に基づいて試算したものであり、投資採算性を反映した価格であるといえます。本件の場合、収益価格が積算価格と比べて低位に試算された要因は実際支払賃料が土地建物の経済価値に見合う水準よりも低目にとどまっていることにあると思料されます（その要因の詳細は省略します）。

　本件は実際に賃貸借の対象となっている不動産であることから収益価格を重視し、積算価格を比較考量して、評価額を 1,600,000,000 円と決定しました。

　なお、本件評価に係る建物価格は消費税を含まないものです。

　以上、借地権付建物の評価の具体例を掲げました（過程の一部を省略した個所があります）。中には、もう少し詳しい説明が必要な部分もありますが、ここでは概略のイメージを把握していただき、担保評価の実務に部分的にでも活用いただければ幸いです。

索　引

あ　行

アスベスト使用建物·················· 126, 202
位置指定道路··························· 182
一般的要因···························· 22, 23
売主の（瑕疵）担保責任
　→ 瑕疵担保責任
越境物································ 138, 211
奥行価格補正率··························· 61
奥行が長大な土地························· 60
奥行短小補正率··························· 63
奥行長大補正率··························· 62

か　行

海岸保全区域························· 135, 210
崖地···································· 83
崖地格差率表···························· 85
瑕疵担保責任····················· 119, 121, 200
角地································ 43, 47, 49
鑑定評価··························· 215, 230
簡便法······························ 216, 245
基礎杭　→ 地下埋設物
急傾斜地崩壊危険区域················ 133, 206
境界確認書······························ 145
境界標識································ 161
行政的要因···························· 23, 27
近隣の公示価格·························· 245
区分地上権······················ 18, 146, 213
経済的要因···························· 23, 26
原価法···························· 24, 190, 232
現在価値の総和·························· 240

建築基準法上の道路······················ 181
建築制限··························· 93, 148
現地調査······························· 156
高圧線下地························· 153, 222
高架線下地····························· 149
工業地（域）························ 37, 48
公図···································· 166
高速道路　→ 地上阻害物
港湾隣接地域························ 136, 210
固定資産税······························· 19
固定資産評価基準························· 19
個別的要因······················· 22, 40, 42, 48

さ　行

災害発生危険区域···················· 133, 206
財産評価基本通達···················· 82, 194
再調達原価···························· 24, 53
更地価格······························· 245
三角地·································· 66
三角地補正率···························· 67
産業廃棄物　→ 地下埋設物
市街化調整区域··························· 97
自然的要因···························· 23, 25
実測図································· 170
社会的要因···························· 23, 26
借地権······························ 17, 252
借地権付建物··························· 252
収益還元法························ 24, 192, 240
住宅地（域）························ 32, 42
重要事項説明························ 208, 209
純収益の総和··························· 241

261

商業地（域）··············· 34, 46
条例指定区域··················· 101
水路を介して道路に接する土地········ 90
スティグマ····················· 190
図面による不動産の特定············ 166
セットバック··················· 95
接道義務··················· 70, 78
接面街路················ 43, 47, 49
相続税の財産評価················· 20

た 行

大規模な土地············· 150, 218
建物図面・各階平面図·············· 170
建物の個別的要因················· 50
地域要因················ 22, 30, 40
地役権························ 18
地下埋設物（基礎杭、産業廃棄物等）
······················ 121, 199
地上阻害物（高速道路、鉄道等）···· 148, 215
地積過大地····················· 219
地積測量図····················· 168
賃貸用不動産···················· 54
津波災害警戒区域················· 206
鉄道 → 地上阻害物
田地地域······················ 250
登記簿·············· 112, 147, 164
道路調査······················ 178
道路幅員······················ 185
都市計画施設予定地················ 92
土壌汚染対策法·················· 108
土壌汚染物質··················· 190
土地価格比準表
············ 39, 61〜63, 67, 84, 207, 236

土地区画整理所在図··············· 169
取付道路······················ 76
取引事例比較法············ 24, 191, 235

な 行

農地························ 248

は 行

畑地地域······················ 251
発掘調査費用··················· 119
PCB（ポリ塩化ビフェニル）······ 132, 205
筆界未定················· 141, 212
袋地 → 路地状敷地
不整形地······················ 64
不整形地補正率·················· 67
物件の特定···················· 164
不動産鑑定評価基準··· 10, 17, 25, 198, 248
法14条地図···················· 168

ま 行

埋蔵文化財（包蔵地）·········· 116, 194
間口が狭小な土地················· 60
間口狭小補正率················ 62, 79
無道路地···················· 74, 78

や 行

容積率······················ 178
43条ただし書きによる建築許可······· 187

ら 行

路地状敷地（袋地）············ 69, 74
路線価······················ 246

【著者略歴】

黒沢　泰（くろさわ　ひろし）

昭和25年埼玉県生まれ。昭和49年早稲田大学政治経済学部経済学科卒業。昭和49年NKK（日本鋼管株式会社）入社。平成元年日本鋼管不動産株式会社出向（後に株式会社エヌケーエフへ商号変更）。平成16年川崎製鉄株式会社との合併に伴い4月1日付でJFEライフ株式会社へ移籍。現在、JFEライフ株式会社不動産本部・部長。不動産鑑定士。
[主な著書]「不動産鑑定実務ハンドブック」（中央経済社・2014年）、「建物利用と判例―判例から読み取る調査上の留意点」（プログレス・2013年）、「不動産鑑定における増減価評価」（中央経済社・2009年）、「不動産取引に活かす調査・契約・評価の実務Q&A」（ぎょうせい・2006年）他多数。

Q&A 不動産担保価値の基礎知識と減価のしくみ

2015年3月25日　初版第1刷発行

　著　者　　黒沢　泰
　発行者　　酒井　敬男
　発行所　　株式会社ビジネス教育出版社
　　　　〒102-0074　東京都千代田区九段南4-7-13
　　　　TEL 03-3221-5361（代）　FAX 03-3222-7878
　　　　E-mail info@bks.co.jp　URL http://www.bks.co.jp

落丁・乱丁はお取り替えします。　　　　　　　印刷・製本　萩原印刷株式会社
ISBN978-4-8283-0543-1　C2033

本書のコピー、スキャン、デジタル化等の無断複写は、著作権法上での例外を除き禁じられています。購入者以外の第三者による本書のいかなる電子複製も一切認められておりません。

ビジネス教育出版社の金融機関向け実務書

相続実務に役立つ "戸籍" の読み方・調べ方

小林直人（税理士）・伊藤　崇（弁護士）・尾久陽子（行政書士）・渡邊竜行（弁護士）／共著　A5判・248頁　定価：本体2,400円＋税

相続人を確定させるために必要な戸籍の仕組み・基礎知識から取り寄せ方、読み方までを分かりやすく解説。旧法戸籍・現行戸籍とも豊富な実例を収録し、見方のポイントを明示。

〔増補改訂版〕公図・不動産登記簿の読み方・調べ方
～契約書および登記申請書からの読み取り方～

山本芳治／著　B5判・328頁　定価：本体2,800円＋税

金融実務経験豊富な著者が手続法である不動産登記法だけでなく、実体法である民法の学習にも役立つようにわかりやすく解説。

Q&A 改正保険業法ガイドブック

弁護士　浅井弘章／監修　保険業法研究会／著
A5判・112頁　定価：本体1,000円＋税

意向把握義務・情報提供義務の導入など、保険業界を取り巻く経営環境の激変に対応する業法改正の全貌をコンパクトに紹介。

公的年金知識を活かす 投信・保険セールス ケース別 アプローチ手法

社会保険労務士・CFP® 沖倉功能／著
A5判・144頁　定価：本体1,600円＋税

年金の「額」「制度」「時期」"3つの不足"をさまざまなケースに応じてカバーする投資信託・生命保険。その効果的販売話法を紹介。